N'EN DÉPLAISE À CERTAINS, NOUS SOMMES LES ENFANTS DE LA RÉPUBLIQUE

KERO
une marque
CALMANN LÉVY

COUVERTURE
Maquette : olo.éditions

ISBN : 978-2-7021-6849-3

Chems-eddine Hafiz

N'EN DÉPLAISE À CERTAINS, NOUS SOMMES LES ENFANTS DE LA RÉPUBLIQUE

KERO

Tout au long de ce livre, il sera fait référence au prophète de l'islam Mohamed, que la prière et le salut de Dieu soient sur lui. Pour une musulmane ou un musulman, il est de coutume de réciter cette formule quand il est cité. Alors, que la prière et le salut de Dieu soient sur lui à chacune de ses évocations ici.

La traduction en langue française des sens du noble Coran est une lourde tâche à laquelle se sont attelés des spécialistes de grande valeur. Nous avons choisi celle de l'ancien recteur de la Grande Mosquée de Paris, Hamza Boubakeur, qui a occupé ce poste de 1957 à 1982.

Je dédie ce livre à toutes celles et tous ceux
qui croient que l'espoir nous rend meilleurs.

INTRODUCTION

Je me revois en 2001 au tribunal aux côtés de mon prédécesseur, Dalil Boubakeur. Je suis alors l'avocat de la Grande Mosquée de Paris. Michel Houellebecq qui vient de publier un roman dit dans une interview : « La religion la plus con, c'est quand même l'islam. Quand on lit le Coran, on est effondré. » Au fil de ses interviews, il présentait le Coran comme une « chose dégoûtante ». Nous savions vers quel piège certains esprits mal intentionnés voulaient nous pousser. L'affaire des *Versets sataniques* de Salman Rushdie était encore dans tous les esprits. On s'attendait à une sorte de « fatwa » contre le romancier français, ce qui ferait vendre encore plus de papier sur fond de polémique mais il n'en sera pas ainsi. Nous irons devant la justice, devant le juge, gardien des libertés.

Oui, nous avons choisi la voie de la justice, la seule à même de se prononcer sur les propos publics qui nous blessent, quelle que soit leur origine. La seule qui mène au vivre-ensemble dans le respect de chacun. Les magistrats de la 17e chambre du tribunal correctionnel de Paris ont estimé que les propos de l'écrivain relevaient de la liberté d'expression, que les jugements de valeur de nature théologique, littéraire ou artistique du romancier ne constituaient pas un délit. Il a été relaxé. Avons-nous perdu, pour autant ? Non. Nous avons marqué une page de plus dans l'histoire des musulmans de ce pays et si je commence ici ce récit, c'est pour réitérer notre attachement à la laïcité et à la liberté d'expression, tout en restant absolument vigilants sur les propos ou actes qui relèveraient du racisme, du négationnisme et de l'antisémitisme. Si Michel Houellebecq décidait aujourd'hui de visiter la Grande Mosquée de Paris, je l'accueillerais avec bienveillance comme le veut la tradition musulmane. Je lui parlerais de paix sans renoncer à la ligne qui fut la mienne. Je lui expliquerais de vive voix ce qui nous avait heurtés de sa part sans jamais avoir éprouvé une quelconque haine.

Le tribunal nous déboute.

En 2007, nous avons engagé une procédure judiciaire contre *Charlie Hebdo* pour avoir publié des caricatures sur le prophète de l'islam qui avaient profondément heurté bon nombre de musulmans, dont l'auteur de ces lignes. Notre action n'était à aucun moment nourrie par une volonté d'interdire l'irrévérence, de condamner le blasphème ou de censurer des caricaturistes. Nous voulions couper l'herbe sous le pied des milieux extrémistes et canaliser le débat vers les prétoires pour éviter qu'il ait lieu dans la rue. Le contexte est alors très compliqué. Dans plusieurs pays musulmans, des manifestants influencés par des prédicateurs haineux et des manipulateurs au service de régimes autoritaires expriment leur haine de l'Occident. Ce climat n'épargne pas la France qui a vu monter en son sein des tensions à caractère communautaire et religieux. Il faut agir.

En France, les musulmans voient donc que leur prophète est moqué par des caricatures dont une qui le représente avec une bombe sur son turban sur lequel est inscrit l'attestation de foi, premier pilier de l'islam. Le symbole suprême de leur foi est assimilé à un terroriste. D'un autre côté, des groupuscules toxiques veulent nous entraîner dans une fracture nationale. C'est dans ce contexte-là que nous décidons de poursuivre *Charlie Hebdo*. Nous sommes alors loin d'envisager qu'un projet haineux aille jusqu'à commettre l'impensable en 2015.

Le tribunal nous déboute. Là encore, ce n'est pas un échec. C'est un pas de plus vers la citoyenneté. En tant que citoyens, nous avons le droit d'exprimer notre indignation de manière légale et civilisée. Dans notre pays, seule la loi fixe les limites. Cela n'est en rien une tentative de museler un journal ou de lui retirer sa liberté d'expression. C'est aussi l'occasion de sensibiliser les musulmans aux spécificités culturelles de la

France, comme la satire. *Charlie Hebdo* continuera, et doit continuer, d'écrire et de dessiner.

Que le drame qui a frappé nos journalistes, nos policiers et nos compatriotes juifs serve de leçon à la communauté nationale, mais aussi à ceux qui se réclament de l'islam, à ceux qui se disent « amis des musulmans » et qui ne condamnent pas clairement ces crimes terroristes. En quoi le meurtre de dessinateurs a-t-il fait avancer la cause des musulmans ? Notre religion a accueilli des personnes d'origines diverses dès les premières années de son apparition. Son expansion dans le monde a une explication toute simple : sa bonté.

Ahmed Merabet était un fonctionnaire de police méritant et dévoué. Il était parmi les premiers intervenants sur les lieux du drame de *Charlie Hebdo*. Nous avons malheureusement vu un des frères Kouachi l'abattre de sang-froid, à même le trottoir. Quelques années plus tard, des passants découvraient à Paris une inscription raciste sur son portrait : le mot abject « bicot » a été écrit au marqueur noir sur la photo du policier, à l'endroit où il a été tué à bout portant le 7 janvier 2015. La plaque officielle en sa mémoire avait déjà été dégradée en juillet 2020.

Le soir même de la tragédie meurtrière du Bataclan, j'ai proposé à des amis avocats issus d'autres cultes monothéistes la création d'une association « La Fraternité du barreau de Paris » pour faire connaître le rôle des religions dans un pays de droit. Il est urgent de rappeler la descendance d'Abraham et d'en faire un principe pour participer à la lutte contre toute forme de stigmatisation ou de discrimination liées à la religion. Nous voulons à travers cette initiative faire tomber les murs de la haine et de l'ignorance. En tant qu'avocat et musulman je mesure la grande et double injustice faite aujourd'hui à l'islam. D'un côté, on commet des atrocités au nom de cette belle religion. De l'autre, on l'accuse d'être la source d'une haine qui conduit au terrorisme. Avec ces amis avocats, nous œuvrons aussi à une meilleure connaissance de la religion musulmane. Ils m'ont aidé à repousser le mensonge qui donne la mort et noircit l'âme de l'humanité.

L'islam m'a appris la bienveillance, la loyauté et le refus de l'hypocrisie. Mon travail d'avocat m'a permis de vivre une expérience intense parmi la communauté des femmes et des hommes de droit. Mon action au sein de la Commission nationale consultative des droits de l'homme (CNCDH) m'a permis de renforcer mes convictions.

Républicain avant tout, je fais de ma philosophie du droit un art de vivre. Vivre, c'est aussi écrire, s'exprimer de manière civilisée et dialoguer avec d'autres esprits éclairés et abreuvés de bienveillance et d'humanisme et même avec ceux qui se méfient des musulmans, les critiquent ou les ostracisent. Ce sont eux qui m'ont aidé à comprendre les raisons de la surmédiatisation de la situation des musulmans de France. Je me suis bien protégé du discours victimaire et je m'associe à toutes les actions qui évacuent la peur d'une « islamisation » de la société française. Quel est le cadre juridique de l'exercice du culte musulman en France ? C'est cette question qui m'anime. Pour y répondre, j'ai coécrit avec Gilles Devers *Droit et religion musulmane*, publié aux éditions Dalloz en 2005. Lui et moi étions alors respectivement avocats de la Grande Mosquée de Lyon et de la Grande Mosquée de Paris.

Depuis de longues années, j'appartiens également à un groupe de femmes et d'hommes qui ont construit une passerelle entre la France et l'Algérie, ces sœurs jumelles qui entretiennent des relations intenses et passionnantes. Je n'étalerai pas ici mon histoire algérienne douloureuse – mon frère aîné y a perdu la vie –, mais je dois dire que cette guerre n'a jamais introduit la haine dans mon cœur. Je ne suis pas le seul à penser que, depuis l'indépendance, la France et l'Algérie auraient dû mieux gérer leurs relations, malgré les blessures. Elles devraient pouvoir lancer une solide coopération entre l'Europe et l'Afrique. Mon Afrique à moi est celle de Nelson Mandela, de Habib Bourguiba, de Cheikh Anta Diop ou encore de Léopold Senghor.

En France, la polémique qui ferait du prénom de notre prophète Mohamed une preuve de non-appartenance à la nation française est dangereuse. Se positionner derrière ceux qui veulent exclure les musulmans de France sur la base de leurs prénoms, leur confession ou leur origine est une posture insultante pour l'intelligence des Français. Continuer à ignorer l'histoire en niant ses pages les plus sombres comme la guerre d'Algérie conduit à plus de confusion. La dénonciation de la « rente mémorielle » chez les autres ne devrait pas nous faire oublier ce qui se pratique de ce côté-ci de la Méditerranée. Rente mémorielle ? Demandez au général Charles de Gaulle ce qu'il pense de tous les politiciens qui essaient aujourd'hui de vivoter de sa mémoire.

Acceptons les vérités historiques et géographiques, même inconfortables, au lieu de nous exclure les uns les autres de ce qui nous regarde tous. Oui, je m'intéresse à la France métropolitaine et son domaine ultramarin. La Nouvelle-Calédonie m'intéresse tout particulièrement. Cette ancienne colonie française a servi de bagne à des centaines d'Algériens à la suite de la révolte de Cheikh El-Mokrani en 1871, après la capitulation de Sedan. Avons-nous oublié que ces événements ont conduit l'humanité au drame mondial de 1914-1918 ? Avons-nous oublié le rôle joué par les soldats musulmans dans la défense de la nation française ? Comment me reprocher ma passion pour l'histoire et la géographie ? Alors, oui. En tant que simple citoyen, je dis ce que je pense des relations franco-algériennes. Mon espoir est celui de deux nations qui se scrutent et essaient d'avancer ensemble sans jamais nier leur mémoire commune.

L'islam était absent ou peu présent lors de l'apparition des grandes lois qui régissent aujourd'hui les rapports entre l'État et les cultes en France. Comment ne pas insister sur le comportement exemplaire des musulmans et leur respect des lois françaises ? Au moment de la publication de la loi sur l'interdiction des signes ostensibles à l'école, on prédisait une avalanche d'actions judiciaires pour défendre le port du voile. La réalité a contredit ce fantasme. Pourtant, la malveillance envers les musulmans se poursuit et prend parfois des allures de débats légitimés par une large couverture médiatique. Comment ne pas s'inquiéter de l'affirmation de l'existence des races, de la stigmatisation systématique des Arabes et des musulmans, supposément inassimilables ? Celui qui a décidé de nous entraîner dans ces marécages est Éric Zemmour, mais il n'est pas le seul. En 2010, j'ai décidé de lui répondre dans un livre intitulé *De quoi Zemmour est devenu le nom* aux éditions du Moment. Non, ce n'était pas une inquiétude prémonitoire. C'était une lecture lucide d'un discours troublant dans un pays animé par la peur de l'Autre et qui a déjà expérimenté des désastres dont le commencement était cette obsession orientée vers une population essentialisée. Moins d'une décennie plus tard, le phénomène a enflé. Dangereusement.

Le 11 janvier 2020, j'ai succédé à Dalil Boubakeur à la tête de la Grande Mosquée de Paris. Après vingt-sept ans de bons et loyaux services, mon prédécesseur avait décidé de quitter ses fonctions et de me céder la place. Je tiens véritablement à lui témoigner ma considération parce que durant près de trois décennies, il n'a eu de cesse d'œuvrer pour créer des ponts entre les communautés religieuses, mais aussi entre les différentes tendances musulmanes, les courants – parfois antagonistes – et la collectivité nationale. Je ne lui rends pas hommage par simple convention ou par approche protocolaire, mais pour rappeler que, bon an mal an, il a agi pour renforcer l'esprit d'ouverture qui caractérise la Grande Mosquée de Paris depuis son implantation au cœur de la capitale. D'abord aux côtés de son père, Hamza Boubakeur qui avait pris en charge cette institution dès 1957 et jusqu'au début des années 1980 puis, par la suite, en tant que recteur, à partir de janvier 1992, pour porter le message d'un islam de tolérance, de paix et de fraternité dans le strict respect des valeurs de la République. Il n'a probablement pas toujours agi comme l'auraient souhaité les pouvoirs publics français, il n'a certainement pas tout accompli, il n'a assurément pas suivi les attentes de beaucoup de musulmans, mais il a tenu un cap et entretenu un équilibre, non sans gérer au passage bien des paradoxes et des contradictions. D'autant qu'en 1992, au moment où il a pris ses fonctions, l'Algérie devenait un terrain pour des hordes terroristes qui tentaient de mettre le pays à genoux, dans l'indifférence de nombreuses nations, parfois satisfaites de cette situation. Le phénomène islamiste évoluait en une réalité internationale – et donc française –, et le terrorisme allait connaître son apogée. D'abord à travers une vague d'attentats dans le monde occidental : initialement en France, avec en 1994 le détournement d'un avion d'Air France, entre Alger et Paris, et en 1996, l'attaque à la station RER de Saint-Michel ; ensuite aux États-Unis avec le 11 Septembre et enfin le reste de la planète à partir des années 2000. Il n'est guère aisé de diriger une mosquée située au cœur de la capitale française dans un tel contexte, agrémenté en arrière-plan de polémiques qui, de façon régulière, s'invitaient dans le débat, tantôt en raison de la mise à mal des principes de laïcité, tantôt par l'intermédiaire de la question du voile islamiste, sujet récurrent, s'il en est.

AUX ARMES, CITOYENS !

Pourquoi ce court extrait de l'hymne national français ? Pour redire simplement que les musulmans de France adhèrent totalement, sans arrière-pensées et sans surenchères, à la nation française. Venez assister à une commémoration des combattants morts pour la France. Venez écouter des aumôniers musulmans de l'armée française chanter avec passion la *Marseillaise*. Oseriez-vous leur suggérer de s'intégrer à la société française ? En fait, intégration et assimilation sont deux notions en passe de basculer dans l'obsolescence. Il n'y a que la citoyenneté et c'est tout. La citoyenneté, comme le rappelle si bien la sociologue Dominique Schnapper, « est une utopie créatrice qui peut susciter des critiques justifiées mais qui reste indispensable pour dépasser les passions ethniques ou religieuses. Le concept de citoyenneté et celui de communauté des citoyens constituent une transcendance de la société concrète plurielle, avec ses divisions et ses inégalités ».

La France a été le théâtre de guerres et de bouleversements locaux et mondiaux qui font d'elle ce qu'elle est aujourd'hui. La séquence qui opposa les catholiques et les protestants, notamment au XVIe siècle, fut particulièrement sanglante avec des récits d'exactions et des formes de cruauté inimaginables. Après tant de drames et de tragédies, la religion n'a évidemment pas laissé que des bons souvenirs dans la mémoire de la nation française. Alors, quand le débat politique s'enflamme au sujet de la laïcité au début du XXe siècle, le Saint-Siège lui-même s'inquiète du sentiment antireligieux qui s'empare de la classe politique française. En 1904, c'est la rupture entre le Vatican et la France, la fille aînée de l'Église ! La France sort épuisée de la Première Guerre mondiale, alors qu'elle est encore une puissance coloniale, il est grand temps pour elle de réfléchir différemment afin d'éviter de nouveaux conflits. Il est aussi temps de reconnaître les adeptes d'une religion, l'islam, qui n'ont pas démérité. L'année 1922 marque la pose de la première pierre de la Grande Mosquée dans le cinquième arrondissement de Paris. Le maréchal Lyautey dit alors : « Quand s'érigera le monument que vous allez construire, il ne montera vers le beau ciel de l'Île-de-France, qu'une prière de plus dont les tours catholiques de Notre-Dame ne seront point jalouses. »

De cette époque aux épreuves dures et formatrices subsiste une lucidité rassurante qu'il serait maladroit de comparer avec d'autres expériences comme celles de l'espace anglo-saxon. N'en déplaise aux prétentions politiques démesurées de certains plaisantins qui appellent dans des propos à peine voilés à exclure les musulmans, les Français n'ont jamais cru à la chasse aux musulmans comme solution à leurs malaises et ce n'est pas près d'arriver.

Aussi paradoxal que cela puisse paraître, les islamistes et ceux qui rejettent l'islam en France sont des partenaires objectifs. Aussi paradoxal que cela puisse paraître aussi, c'est bien en transmettant la culture arabe et musulmane qu'on réussira à mieux coexister. Parlez-vous l'arabe, langue de civilisation et de spiritualité ? Si non, apprenez-la, car c'est un outil indispensable à la compréhension du monde d'aujourd'hui. L'arabe est la quatrième langue la plus parlée dans le monde. On ne peut accéder à cet univers sans comprendre le Coran dans sa langue d'origine. On ne peut répondre aux bonimenteurs qui détournent le message coranique sans le comprendre dans sa langue d'origine. Il nous faudra donc apprendre l'arabe qui est un trésor culturel français. J'aime ses sonorités gutturales quand je les entends chez les jeunes français. Ils ont pour certains entendu leurs parents et les membres de leurs familles s'exprimer dans cette belle langue ou en arabe dialectal tout simplement. C'est aussi cela, la richesse de la France. Jack Lang, président de l'Institut du monde arabe, ancien ministre de la Culture, plaide pour que nos écoliers puissent s'initier à la langue arabe. Cette lucidité contemporaine avait été celle de François Rabelais qui apprit l'arabe, langue scientifique de l'époque. Il écrivait dans « La lettre de Gargantua à son fils Pantagruel » : « J'entends et veux que tu apprennes parfaitement les langues, d'abord le grec, comme le veut Quintilien, puis le latin et l'hébreu pour l'Écriture sainte, le chaldéen et l'arabe pour la même raison ; pour le grec, forme ton style en imitant Platon, et Cicéron pour le latin. »

Il est peut-être temps de questionner les « spécialistes » du monde arabe et musulman sur leurs réelles compétences linguistiques. Comment peut-on imaginer comprendre le Moyen-Orient sans en détenir une des clés majeures ?

Je relis les événements qui ont conduit à la loi de 1905 et je peux presque entendre les polémiques qui ont secoué la IIIe République, entre modération et refus catégorique de la moindre soutane dans la rue. Je vois Aristide Briand et Émile Combes s'agiter pour transmettre leurs convictions à une France inquiète et toujours en quête de lendemains meilleurs. La France qui a toujours réussi l'alchimie des idées pour conjurer ses propres drames reste capable de dépasser les petites plaisanteries éphémères et les duperies en tout genre. Au-delà de son statut de puissance militaire ou économique, la France est surtout rayonnante grâce à sa diplomatie culturelle faite de grandes œuvres et d'idées belles.

Je ne cesse de revenir au décollage raté du monde arabe et musulman à la fin du XIXe siècle. De ce regret émerge aujourd'hui ce texte et je veux inciter à de nouvelles tentatives d'émancipation. Quand le jeune Victor Hugo écrivait *Le Dernier Jour d'un condamné* en 1829, il ignorait sans doute que cette histoire allait exciter, quelques années plus tard, l'appétit culturel d'un écrivain et collectionneur d'art musulman, l'Égyptien Ahmad Zaki (1867-1934), au point de le publier chez lui au Caire comme un vibrant plaidoyer contre la peine de mort. Séduit par cette France humaniste dont il découvre le génie à l'Exposition universelle de 1900, il fut de ceux qui ont tenté de se démarquer des représentations passéistes pour assurer à son pays un avenir dans la modernité.

Il n'était pas un cas isolé. Tous les lettrés musulmans qui ont voyagé et visité la France ont entraperçu un progrès possible, inspiré du modèle occidental, dans leurs pays. Que s'est-il donc passé pour que le monde arabe ou musulman rate ce saut qualitatif par le contact avec la France, notamment ? L'école n'a pas suivi. Oui, c'est à l'école qu'on apprend les codes du progrès. Force est de constater que la tentation passéiste l'a emporté sur l'audace avant-gardiste, favorisant les forces obscurantistes. C'est dans cette lecture passéiste que les esprits captifs de fantasmes guerriers ont trouvé tous les ingrédients d'une opposition bête et méchante à tout ce qui vient de l'Occident. Tout est prétexte pour dénigrer cet « ennemi malfaisant » et maintenir la fracture ouverte et douloureuse. Les douleurs du passé continuent à nourrir les rancunes et s'invitent aujourd'hui dans les débats les plus cruciaux. Ce discours vindicatif fonctionne malheureusement très bien et son succès nous est aujourd'hui transmis en plein cœur de l'Europe.

La menace est bien réelle, pas celle d'une vision rétrograde qui viendrait un jour à s'emparer des musulmans de France (n'insultons pas leur intelligence) mais celle d'un recul de l'éducation. L'éducation est une arme au service des citoyens dans leur combat contre l'ignorance. Il est urgent de le rappeler, car les retours d'information du terrain nous inquiètent. Qu'il s'agisse des enseignants ou des parents d'élèves, l'inquiétude est la même. On assiste à une érosion des valeurs au profit d'une malveillance organisée, parfois et malheureusement au nom d'une conception déplorable de la religion. Prenons le temps de discuter avec les enseignants, à tous les niveaux du parcours scolaire. Nous devons écouter ces défenseurs de la citoyenneté, dans les écoles, les collèges et les lycées des secteurs public et privé. Ils ont besoin de notre soutien comme nous avons besoin de leur engagement. Jean Jaurès, que nous connaissons pour son engagement politique, se souciait aussi de l'éducation et disait : « Or il n'y a pas égalité des droits si l'attachement de tel ou tel citoyen à telle ou telle croyance, à telle ou telle religion, est pour lui une cause de privilège ou une cause de disgrâce. » Implacable. Intemporel.

N'avez-vous jamais discuté avec des parents inquiets d'un possible décrochage scolaire de leurs enfants ? N'avez-vous jamais entendu leurs propos sur les bienfaits de l'internat ou de l'armée pour sauver les jeunes de la déchéance ? Qu'apporte l'internat ou l'armée à un jeune au comportement préoccupant ? La discipline ? La rigueur ? Le respect ? La ponctualité ? Le sérieux ? Parents inquiets ou simplement citoyens vivant pleinement leur citoyenneté au sein de la République, nous sommes en quête de valeurs indispensables à notre stabilité. Tout ceci m'amène à plaider la cause des professionnels qui n'ont de cesse de nous alerter sur les conséquences désastreuses d'un secteur en mal de reconnaissance. Nous connaissons le coût de l'éducation et nous connaissons surtout le coût de la non-éducation. Nous en avons aujourd'hui un aperçu.

En 1996, l'ancien président Jacques Chirac pensait maintenir le principe d'un rendez-vous entre la nation et la jeunesse tout en supprimant la conscription. Est-ce le cas, aujourd'hui ? Ce rendez-vous est-il réellement maintenu ? J'en doute. Je comprends les contraintes économiques qui ont conduit à une telle décision, mais je m'interroge sur le brassage social qu'un tel rendez-vous permettait. Qu'il s'agisse d'un service militaire ou national, l'idée d'une rencontre officielle durant laquelle la nation rappelle aux jeunes de toutes origines sociales ou culturelles le sens de l'engagement aurait dû se poursuivre avec la même solennité. La défense de la nation demeure toujours d'actualité. La nature de la menace a changé, mais le défi de la survie de nos valeurs reste le même.

Il y a près de quarante ans, une caravane humaine reliait Marseille à Paris pour l'égalité et contre le racisme. Certes, c'est en région lyonnaise qu'avaient eu lieu les manquements aux obligations républicaines les plus marquants, mais l'émotion était nationale et l'espoir aussi. On parlait alors des violences commises contre des « jeunes d'origine immigrée ». La formule apparaît aujourd'hui obsolète, elle n'en demeure pas moins indélébile. Malgré toute la mesure dont il faut faire preuve dans le traitement de questions aussi graves que celle de l'égalité des droits, je suis obligé de constater que c'est la radicalisation qui, quarante ans plus tard, mobilise toute notre attention au lieu de l'intégration qui, je dois le rappeler, est devenue une notion surannée.

De cet élan nous est resté une vague idée de « grands frères » qui auraient joué un rôle de médiation entre une République inquiète et ses enfants bruyants et indisciplinés. Est-ce vrai ? Malgré le dévouement de beaucoup d'éducateurs et leur implication réelle dans la vie des quartiers, nous nous sommes retrouvés dans de nombreuses villes face à un dilemme inédit : composer avec une religiosité extrême pour freiner la délinquance et acheter la paix sociale, voire des bulletins de vote. L'avantage d'une relecture de ces événements réside dans la découverte d'aberrations qui auraient dû nous alerter depuis de longues années. Face aux revendications d'une citoyenneté pleine et entière, dite avec les mots de l'époque, on a produit en 1984 la carte de séjour de dix ans ! Les traitements cosmétiques se sont succédé sous différentes appellations et labels comme la « politique de la ville ».

Je ne m'aventurerai pas sur le terrain glissant des comparaisons hasardeuses ou des extrapolations abracadabrantes, mais je ne peux rester non plus insensible aux nombreuses tentatives d'importation de narrations anglo-saxonnes pour traiter d'événements survenus en France. Non, les violences policières aux États-Unis d'Amérique ne sauraient servir de prétexte à des attitudes belliqueuses envers notre police républicaine. Les exceptions déviantes, les propos exécrables de certains agents et les manquements aux devoirs républicains ne doivent pas entacher la crédibilité de cette institution. Pour avoir connu des fonctionnaires d'une grande valeur, je peux affirmer sans hésitation que la police française dispose en son sein de tous les outils d'une régulation interne qui n'a besoin ni de culpabilisation médiatique, ni de hurlements dénonciateurs sur les réseaux sociaux.

Ah, ces réseaux sociaux ! Quelle belle œuvre ! Nous avons failli oublier l'immense progrès qu'ils représentent en raison de certaines pratiques qui en ont fait des outils nuisibles. Les humains n'ont jamais été aussi proches que depuis qu'ils peuvent communiquer instantanément grâce à Internet. Cette ouverture inédite sur le monde a donné à chacun d'entre nous d'interagir avec des intelligences jadis méconnues ou bridées par une logique d'accessibilité économique. Ce n'est plus le cas aujourd'hui. Les bonnes volontés peuvent mieux se fédérer et chacun de nous est capable de communiquer avec un autre être humain qui se trouve à l'autre bout du monde et construire un projet ou simplement échanger à travers une visioconférence. L'idée du multilatéralisme et d'un système international basé sur des règles n'a jamais été aussi imminente. La diplomatie française défend cette approche. Nous devons la relayer dans nos relations avec nos partenaires dans le monde.

Nous devons utiliser tous les leviers que nous offrent les opérateurs français agissant à l'international, comme ceux qui véhiculent la francophonie dans le monde. Nous avons la chance de connaître des personnalités françaises d'une rare intelligence qui dirigent des institutions et agences internationales ou siègent dans ses instances dirigeantes. Elles diront au reste du monde qu'il y a en France des citoyens musulmans qui partagent avec leurs autres concitoyens des idéaux qui nous protègent. Protégeons la France et protégeons le monde. Expliquons au monde notre méthode.

LAÏCITÉ : LA PLUS BELLE INVENTION FRANÇAISE

La laïcité est l'espace commun dans lequel notre fraternité en tant que citoyens français s'exprime. Il faut l'utiliser, la renforcer et s'épanouir en elle. Je le dis aux imams et je les incite à en parler. Nous avons besoin de l'expliquer, même en langue arabe. Surtout en langue arabe, car il y a une tendance à confondre cette notion avec l'athéisme. Les réactions émanant de certains pays musulmans face aux déclarations françaises prouvent qu'il y a un déficit de traduction rigoureuse des idées françaises. Des penseurs musulmans ont proposé l'instauration de la laïcité dans l'espace arabo-musulman, comme le syrien al-Kawākibī qui fut le premier à prôner un système de séparation ou le théologien égyptien Ali Abd al-Rāziq, professeur à l'université d'al-Azhar. Il serait fort intéressant de favoriser ce courant, étant convaincu pour ma part que c'est la solution pour que les pays musulmans reprennent la voie de la modernité. Sans minimiser la place de l'islam, qui en tant que religion doit rester l'âme d'un pays, sa spiritualité et son essence, il est indispensable que les affaires de droit et de la politique soient régies par d'autres règles. Je demande aux imams, en France et dans le monde, de s'intéresser aux questions philosophiques. Je suis agréablement surpris d'entendre certains d'entre eux citer du haut du minbar, à l'occasion de leur sermon du vendredi, Victor Hugo et Léon Tolstoï. L'auteur de *Guerre et Paix* nous a légué un enregistrement sonore en français facile à trouver. Il disait en 1909 : « La religion n'est pas une croyance établie une fois pour toutes, une croyance aux phénomènes surnaturels qui soi-disant se produisirent autrefois, ni la croyance à la nécessité de certaines prières et de certains rites. Elle n'est pas non plus, comme le pensent les savants, le reste des superstitions et de l'ignorance antiques, qu'il n'est, en notre temps, d'aucune nécessité d'adapter dans la vie. La religion, c'est le rapport de l'homme envers la vie éternelle, envers Dieu, rapport établi en accord avec la raison et la science contemporaine et qui seules poussent l'humanité en avant vers le but qui lui est assigné. "L'âme humaine, c'est la lampe de Dieu", dit une sage expression hébraïque. L'homme est un animal faible, misérable, tant que dans son âme ne brûle pas la lumière de Dieu. Et quand cette lumière s'enflamme, et elle ne s'enflamme que dans l'âme éclairée par la religion, l'homme devient l'être le plus puissant au monde. Et il n'en peut être autrement, parce qu'alors ce n'est plus sa force qui agit en lui, mais celle de Dieu. Voilà ce qu'est la religion et en quoi consiste son essence. »

Oui, il faut traduire cet extrait en arabe, le lire, le relire et le faire lire. Nous avons besoin d'examiner l'évolution de la langue arabe et des mots qui la composent. Ce travail devrait nous permettre de comprendre les idées d'Al-Ghazali, Al-Razi, Averroès ou Avicenne. Comment et pourquoi lire ces philosophes aujourd'hui avec les références qui sont les nôtres, en matière de droits de l'homme et de valeurs partagées ? Le philosophe Ali Benmakhlouf répond à cette question dans un précieux livre *Pourquoi lire les philosophes arabes ?* : la philosophie arabe entre le VIIIe et le XVe siècle fait partie intégrante de l'histoire intellectuelle de l'humanité, elle fait partie de nos débats actuels et nous ignorons souvent qu'elle est née quelques dizaines de siècles avant notre ère dans un monde qui s'étendait de Cordoue à Bagdad.

Dans *L'Humanisme arabe au IVe-Xe siècle. Miskawayh, philosophe et historien*, Mohammed Arkoun insistait sur l'importance de la pensée arabe et la nécessité de comprendre la *falsafa* (philosophie) ou de la *hikma* (sagesse). Hikma est un terme coranique à connotation fortement théologique. Al-Hakim est un nom de Dieu qui signifie le Sage. Nous pourrions aller plus loin dans l'explication du travail colossal fourni par Mohammed Arkoun, mais un seul livre ne suffirait pas.

Il est de ceux qui ont le mieux compris et actualisé le patrimoine intellectuel musulman, indispensable à la formation des citoyens d'aujourd'hui. Tous les citoyens. Ce n'est pas une exclusivité musulmane.

J'ai beaucoup d'affection pour les bâtisseurs des mosquées de France, à l'humanisme instinctif et à la bonté naturelle, qui ont contribué à la construction du pays, élevé leurs enfants de la plus belle des manières et réuni les musulmans autour de projets spirituels. À présent, il est temps de fournir à ces mosquées des imams épris de philosophie et capable de dialoguer avec les tenants d'une sagesse laïque. Après tout, ne sommes-nous pas tous dans une quête d'éthique ? Ne sommes-nous pas tous interpellés par des interrogations essentielles ? Les mosquées de France devraient être des lieux d'apprentissage dans lesquels les jeunes apprennent à réfléchir sur la vie et le monde en toute indépendance et développent leur capacité à argumenter.

L'islam demeure une religion de paix qui apprend à ses adeptes l'éthique, la sérénité et la maîtrise de soi. Les prescriptions du Coran et de la sunna (tradition prophétique) dénoncent toutes sortes de préjudices et d'agression sur les biens et les personnes. Aujourd'hui, les conflits sont gérés par les États et leurs dirigeants, seuls détenteurs de la « violence légitime », pour reprendre le terme du sociologue allemand Max Weber. En aucun cas le citoyen, qu'il soit musulman ou d'une autre religion, ne peut se substituer à l'autorité politique légitime pour décréter un état de guerre ou pour signer la paix. Le rôle du croyant se limite à son engagement en tant que citoyen, dans le cadre du respect des lois et de l'éthique musulmane, qui doivent l'amener à préserver la paix. Chaque musulman, qu'il soit citoyen ou résident étranger, est lié par un pacte de loyauté envers son pays de naissance, d'adoption ou d'accueil. C'est le premier de ses devoirs. Il a des droits aussi. Le plus sacré est sa liberté. En islam, la liberté comprend : la croyance, la réflexion, l'expression et la pratique. En ce sens, l'islam a devancé un principe essentiel de la Déclaration universelle des droits de l'homme : la liberté de conscience, celle de croire ou de ne pas croire : « Si ton Seigneur l'avait voulu, tous ceux qui sont sur Terre auraient cru. Est-ce à toi de contraindre les gens à devenir croyants ? » (Sourate 10, verset 99.) C'est au nom de cette liberté de conscience que l'islam est assis à la table de la République, comme d'autres cultes qui sont plus anciens dans cette France, fille aînée de l'Église.

La laïcité à la française est une chance pour les musulmans. Elle leur donne accès aux tribunaux pour faire valoir leurs droits devant le juge quand ils estiment qu'une de leurs libertés leur a été retirée. Alors, oui, je n'hésite pas à y recourir quand il le faut. La communauté nationale s'est débattue et se débat toujours contre la pandémie de Covid-19. De l'aveu des autorités dans les différentes régions françaises, les citoyens de confession musulmane ont fait preuve d'un comportement exemplaire dans les lieux de culte. Fort des conseils des imams qui connaissent les préceptes prophétiques dans ce domaine, je n'ai pas hésité à fermer la Grande Mosquée de Paris dès les premiers signes de cette grave menace sanitaire. Nous savons que notre corps est une responsabilité divine. Notre santé est un bienfait que nous devons protéger par obligation religieuse. Oui, notre religion nous a déjà préparés à de telles situations. Notre prophète a dit : « Si vous entendez parler d'une épidémie de peste dans un pays, n'y entrez pas ; mais si la peste éclate dans un endroit pendant que vous y êtes, ne quittez pas cet endroit. » Des signes de maîtrise nous ont ensuite donné de l'espoir. L'amélioration de la situation sanitaire a coïncidé avec les derniers jours du mois béni de ramadan 2021 et la nuit du Destin. J'ai demandé au ministre de l'Intérieur d'accorder aux musulmans une levée de couvre-feu à titre exceptionnel afin de pouvoir se réunir dans les mosquées en respectant les conditions nécessaires au rassemblement des fidèles sans aucun risque sanitaire. J'ai expliqué que c'est la nuit de la révélation du Coran et qu'elle revêt une grande importance religieuse et spirituelle. D'autres personnalités musulmanes ont relativisé, voire sournoisement contredit ma requête, et ont conduit les autorités à nous opposer une fin de non-recevoir. Face au refus du ministère, j'ai saisi le Conseil d'État, partant du principe qu'il ne faut rien lâcher dans l'expression de ses droits. La détermination et le sens du dialogue sont pour moi des maîtres-mots, et dans notre pays, qui est un État de droit et de liberté, le débat devant le juge n'est pas un affrontement mais la recherche d'une garantie. J'ai dit que les musulmans allaient respecter la décision du Conseil d'État et ils l'ont respectée, alors qu'elle confirmait le refus du ministère de l'Intérieur. Techniquement, je n'ai pas obtenu gain de cause, mais l'histoire retiendra que les musulmans de France ont fait valoir leurs droits ce jour-là et ont été loyaux envers leur pays. Il ne saurait en être autrement. Sinon, c'est la voie ouverte au séparatisme. Or, c'est la bienveillance que nous recherchons. C'est le ciment des sociétés humaines.

Bienveillance rime avec miséricorde. C'est un aspect essentiel de la vie du croyant. La *rahma* est un acte de foi destiné à tout ce qui nous entoure. Les êtres humains évidemment, mais aussi toutes les autres créatures. Le Coran réserve une sourate entière à ce principe fondamental. Nommé Ar-Rahman, c'est-à-dire « le Tout Miséricordieux », ses versets rappellent les bienfaits d'Allah sur l'humanité et invitent les croyants à l'éthique et à l'honnêteté : « Votre Seigneur s'est prescrit à Lui-même la miséricorde. Et quiconque d'entre vous fait un mal par ignorance, se repent par la suite et s'amende… Alors

Dieu est Pardonneur et Miséricordieux » (sourate 6, verset 54). C'est ce qui fait dire à notre prophète : « Faites miséricorde à ceux qui sont sur Terre, Celui qui est au ciel vous fera miséricorde. » Il dit aussi : « En vérité Dieu a cent miséricordes ; il en a fait descendre une sur Terre, il l'a répartie entre ses créatures. C'est par elle que les êtres humains montrent de la bienveillance et de la miséricorde les uns envers les autres. Il réserve pour lui-même 99 autres miséricordes par lesquelles il fera miséricorde à ses serviteurs le jour de la résurrection. Le Tout Miséricordieux fait miséricorde aux miséricordieux, faite donc miséricorde à celui qui est sur Terre, Celui qui au ciel vous fera miséricorde. »

À chaque instant de la vie du musulman, dans chacune de ses actions, il doit faire preuve de *rahma*, notion dont la traduction française la plus proche est la miséricorde. La racine du mot rappelle les entrailles maternelles (*rahm*). Rahman est un des noms de Dieu : miséricordieux. « Rahim » aussi : compatissant. La création elle-même est une miséricorde, une grande tendresse divine. Dieu s'exprime en nous à travers ce que nous avons de plus profond en nous : notre bonté. Dieu qualifie son propre messager de *rahma* au service de l'humanité.

J'aimerais que les lecteurs retiennent aussi la miséricorde entre êtres humains, la tendresse du plus fort envers le faible, la nécessaire attention envers les personnes âgées et les orphelins. L'islam, religion de la miséricorde, a donc donné l'opportunité aux musulmans d'être miséricordieux, de réaliser le bien, d'agir en toute circonstance dans le sens de la justice et la paix. Un hadith conditionne la foi par la miséricorde : « Vous ne croirez pas jusqu'à ce que vous soyez miséricordieux. » On trouve dans le Coran beaucoup de textes sur le pardon, l'importance de maîtriser sa colère, de pardonner, d'être humble. Prenons-en un autre : « Nourris l'affamé, visite le malade et libère le captif. » Les recommandations en faveur des animaux sont nombreuses aussi, car ils sont porteurs de vie. Beaucoup de sourates du Coran portent un nom d'animal ou d'insecte. Dans le récit coranique, les animaux sont cités tantôt comme des modèles de sagesse, tantôt comme des paraboles spirituelles.

La Grande Mosquée de Paris est un relais de fraternité. C'est une institution de miséricorde. Elle veut mettre à la disposition des nouvelles générations des supports accessibles. Je rêve d'une université islamique numérique qui diffuserait dans le monde cette synthèse des idées humanistes dont nous sommes les témoins privilégiés. J'ai demandé aux imams une réflexion sur la violence, ils sont allés au-delà de ce qui leur a été demandé. Désormais, ils s'inscrivent dans une démarche universelle et restent à l'écoute de ce qui anime l'humanité. Ayant compris l'ampleur du travail attendu, ils ont commencé par reprendre à leur compte la définition de la violence, proposée par l'Organisation mondiale de la santé : la menace ou l'utilisation intentionnelle de la force physique ou du pouvoir contre soi-même, contre autrui ou contre un groupe ou une communauté qui entraîne ou risque fortement d'entraîner un traumatisme, un décès, des dommages psychologiques, un maldéveloppement ou des privations. Cet attachement à la morale universelle est une main tendue. Ne la refusez pas.

Les mots ont leur importance. Les grands malentendus de l'Histoire partent d'idées, donc de mots. J'observe la situation des musulmans de France et je constate que l'une des raisons les plus évidentes du marasme dans lequel ils se sont embourbés est l'usage irréfléchi de mots qui ont créé de la confusion dans les esprits. Les théologiens connaissent très bien ces mots qui ont souvent servi à entretenir une relation tendue avec les non-musulmans. « Alliance » et « désaveu », par exemple. *El-wala* et *El-bara* en arabe. À travers ce concept dangereux, les islamistes appellent à ne montrer d'alliance qu'à ceux qui suivent leur doctrine et à rejeter tous ceux qu'ils qualifient de « mécréants ». C'est un dispositif idéologique qui vise à fracturer la société. La meilleure prévention est l'apprentissage de la citoyenneté.

Nous avons tous besoin de déterminer la nature de nos relations avec les autres dans un pays donné. Dans l'histoire première de l'islam, nous avons la trace d'un peuple dans la péninsule arabique qui a existé après l'émigration (hégire) du prophète et de ses compagnons. À Yathrib, l'ancienne Médine, il rédigea avec les Juifs une charte dans laquelle il a expliqué que ses adeptes constituaient une communauté comme celle des Juifs. Les deux étaient égales en droits et obligations. Cette nouvelle communauté a donné des citoyens vivant sur un territoire rebaptisé Médine ou Al-Madina, en arabe. Il faut lire dans ce mot l'idée de civilité. Les citoyens de Médine vivaient sous l'autorité d'un dirigeant nommé Mohamed et un régime juridique et économique clairement établi. Médine était donc la patrie de gens que la religion ne distinguait pas. C'était donc un foyer territorial auquel appartenaient des habitants conscients de leurs droits et devoirs. Leur loyauté envers cette patrie faisait d'eux des citoyens. En islam, l'allégeance se fait aux valeurs humaines. Elle est au-dessus de toutes les autres allégeances. Les liens entre les individus dans chaque pays du monde doivent être fondés sur les valeurs humaines auxquelles tous les individus affichent leur loyauté tout en rejetant ce qui leur porte préjudice.

L'islam est une religion universelle qui efface les frontières entre les communautés religieuses. Nous savons que la première communauté créée par le prophète à Médine ressemble à ce que nous pourrions appeler avec les mots d'aujourd'hui un État civil peuplé de citoyens libres, quelles que soient leurs orientations religieuses. C'est un modèle de pluralisme. L'islam incite au patriotisme. L'allégeance à la patrie est fondée sur le fait d'être prêt à la défendre et à veiller sur son unité et son intégrité. C'est ce que nous inspire la Constitution de Médine. Le document a fait l'objet de nombreux travaux chez les historiens qui s'intéressent aux débuts de l'islam.

Les musulmans de France devraient profiter de cette lecture pour réfléchir à leur intégration dans les pays non musulmans. L'unité de la France les concerne aussi. Leur destin est mêlé à celui de leur pays. Ils doivent participer activement aux projets communs et contribuer au renforcement des institutions. Ils doivent exercer leurs droits et s'acquitter de leurs devoirs. Ils doivent voter. Le droit de vote est un outil fondamental et indispensable à l'intégration des musulmans de France. Il véhicule un fort sentiment d'appartenance à une société, à une communauté nationale. Au-delà de ce qu'il représente, ce droit de vote confère une position sociale reconnue au sein de la société. Il favorise également une participation constructive aux différents sujets de société les concernant. Les musulmans aspirent à participer aux débats nationaux du pays. Chacun d'entre eux se doit de respecter la citoyenneté telle qu'elle est établie par les lois françaises. Les musulmans sont en droit de revendiquer que leur citoyenneté ne puisse être assimilée à une citoyenneté de seconde zone ou faire l'objet d'une quelconque remise en cause.

Le musulman est d'abord un citoyen. Libre à lui de déclarer ou non son appartenance religieuse.

Quand de nouveaux imams arrivent à la Grande Mosquée de Paris, nous les invitons à suivre un cours sur la laïcité. Nous leur suggérons aussi de s'intéresser à la vie locale de leur ville d'adoption. Comment s'appelle le ou la maire de votre ville ? demande un formateur. Que savez-vous de l'association des maires de France ? Cette sensibilisation a pour but de mieux représenter le culte musulman auprès d'autorités locales parfois très hospitalières, comme en témoigne l'effort fourni pour la délimitation de carrés musulmans dans les cimetières. Pourquoi rapatrier les corps des défunts dans leurs pays d'origine quand les membres de leur famille vivent en France ? Se faire inhumer sur le sol français devrait être un droit inaliénable pour tout citoyen, sans distinction de religion.

Nous avons parfois tendance à oublier que les maires de France sont les gardiens de la démocratie locale, donc de la démocratie nationale. Que dire de la résistance de certains élus aux sollicitations malsaines d'ambitieux malfaisants qui convoitent leurs signatures à la veille de l'élection présidentielle ? Cette résistance est héroïque. Aujourd'hui, des imams sont des membres actifs dans le milieu associatif et contribuent à construire une société civile durable. Attention à ne pas les confondre avec les agents de l'islamisme qui ont trouvé auprès de certains responsables locaux plus que de la complaisance. Comment s'y retrouver ? Comment déceler les manipulations ? Ce n'est pourtant pas très difficile de repérer les activités à visée séparatiste.

Nous sommes capables de créer un vrai mouvement pour renforcer la société civile. Pour le philosophe Emmanuel Kant, « il est deux inventions humaines que l'on peut tenir sans doute pour les plus chargées de difficultés : celle de l'art de gouverner et de l'art d'éduquer ». Dans *Propos de pédagogie*, il estime que l'éducation devrait discipliner la pensée, cultiver, civiliser et moraliser. Quel imam digne de ce titre s'y opposerait ? De ce qui précède, nous comprenons donc la nécessité d'une réflexion éducative dynamique. L'éducation n'est pas un terme immuable, comme l'explique Kant : « Que jamais l'éducation des enfants ne se fasse en fonction du seul état présent [de la société], mais aussi du possible meilleur état à venir de l'humanité. »

Il est important d'expliquer les liens culturels entre juifs, chrétiens et musulmans. Les religions monothéistes partagent des valeurs et des symboles communs, c'est pourquoi j'insiste sur l'éducation à l'altérité.

Et comment parler d'éducation sans parler des femmes ? Une éducation sans femmes est un non-sens. « Le meilleur d'entre vous est celui qui est le meilleur avec les femmes », disait le prophète. La femme en islam ! Que de fantasmes et combien d'encre a coulé en Occident pour dénoncer le caractère servile et dégradant de sa situation dans un monde musulman supposé misogyne. Il est important de regarder objectivement ce que la révélation coranique et le prophète ont donné comme statut à la femme dès le VIIe siècle.

RIEN SANS ELLES

Au risque d'apparaître un tantinet provocateur, j'affirme haut et fort que la femme a été la première à bénéficier de la révélation coranique, dans un monde où son infériorité par rapport à l'homme était la norme. Durant la vie du prophète, incontestablement, la femme a profité d'un environnement favorable à son émancipation qui l'a libérée de nombreuses contraintes de la période antéislamique.

Il faut d'abord se projeter sur la péninsule arabique, en ce VIIe siècle dominé par des règles sociales tribales basées sur un système patriarcal absolu. Dans ce système, la femme est *res nullius*. À l'exception des élites au sein desquelles les femmes peuvent jouir d'un véritable statut social, dans le reste de la population, la femme est entièrement soumise à la volonté de son père puis de son époux. Elle est un objet que l'on échange ou que l'on pille, quand sa naissance même n'est pas considérée comme une honte. C'est dans ce contexte que les premiers musulmans écoutent le prophète réciter : « Et qu'on demandera à la fillette enterrée vivante pour quel péché elle a été tuée » (sourate 81, verset 8).

Dans l'Arabie préislamique, en effet, on enterrait vivantes les filles quand on en avait trop. Le prophète a dénoncé sans équivoque cette coutume barbare et a par ailleurs œuvré sans relâche pour élever les femmes au statut plein et entier qu'elles méritaient. L'une des premières notions que la Révélation a tenté de corriger est celle de « déshonneur ». Elle est encore de mise aujourd'hui, dans certaines régions où le concept d'honneur (*charaf*) est hautement symbolique dans les mentalités et se reflète principalement sur le corps des femmes, lieu de l'« honneur » de la famille et de la tribu.

Les femmes étaient aussi, avant l'islam, en général tenues pour des êtres méprisables, sous tutelle juridique depuis leur naissance et jusqu'à leur mort. Elles étaient considérées comme faisant partie des « butins de guerre », n'avaient aucun droit à l'héritage et étaient en réalité des « choses » héritées par les hommes.

Le fait même que le prophète ait légiféré sur des questions les concernant directement montre à quel point il tenait à les faire entrer comme personnes à part entière dans la structure de la société islamique naissante. Beaucoup de ses règles, malgré certaines résistances de ses propres compagnons, doivent être comprises et interprétées en ce sens. Il en va de même pour les règles sur l'héritage, le témoignage ou le divorce. De plus, le Coran donne aux femmes la possibilité de travailler et de disposer de leurs biens comme bon leur semble.

Considérées dans leur contexte, ces lois apparaissent clairement comme une tentative de donner aux femmes des droits dont elles étaient privées auparavant. Cette avancée allait aussi loin qu'il était possible d'aller à cette époque sur le chemin de l'égalité entre les hommes et les femmes, telle qu'elle est affirmée et prônée par le Coran. Plus important encore, pour ce qui est de la pratique religieuse, le prophète ne fait aucune différence entre les hommes et les femmes. Parce qu'elles sont dotées d'une âme, d'intelligence et de libre arbitre au même titre que les hommes, les femmes sont personnellement responsables de leurs actes et de leur destin. Elles sont soumises aux mêmes droits et aux mêmes devoirs sur le plan spirituel.

Dans l'entourage du prophète, beaucoup de femmes furent très actives sur tous les plans. Le premier musulman dans l'histoire fut d'ailleurs une musulmane : la première épouse du prophète, Khadija, dont il chérira le souvenir longtemps après sa mort. Elle était à la tête d'un commerce florissant et c'est elle qui a mis sa fortune au service de la mission du prophète mais aussi ses relations familiales pour certifier l'authenticité divine de son expérience de la révélation. Sa deuxième épouse, Aïcha, est représentée par la tradition comme une véritable interlocutrice du prophète, au point qu'après la mort de ce dernier, elle n'hésitera pas à débattre avec ses successeurs de questions touchant la tradition, devenant ainsi l'une des sources de l'établissement du corpus des « dits prophétiques ».

Quand le premier calife après le prophète, Abou Bakr, mourut en 634, c'est Omar qui lui succéda. Dans le nouvel État ayant Médine comme capitale, la première ministre du Commerce était une femme. C'est dire la responsabilité accordée à cette personnalité dans une région du monde où le commerce était l'activité la plus importante.

Le statut de la femme dans le Coran a été bien souvent mal interprété. D'abord et avant tout par les théologiens de l'islam qui, depuis les tout débuts de la constitution des sociétés musulmanes, ont forcé une lecture du texte leur permettant de faire perdurer un modèle de société patriarcale. Lorsque le texte coranique est ambigu et donc sujet à discussion, la plupart du temps la tradition juridique a opté pour une interprétation allant en sens inverse de l'esprit novateur du prophète, généralisant à toute la société et à tous les cas des recommandations spécifiques ou des points de détails isolés. C'est le cas par exemple de la question du témoignage pour reconnaissance de dette, il est dit : « Si ce ne sont pas deux hommes, que ce soit un homme et deux femmes qui témoignent, de ceux que vous aurez agréés comme témoins, de sorte que si l'une oublie, l'autre le lui rappelle » (sourate 2, verset 282). La tradition juridique en a conclu que le témoignage d'une femme vaut deux fois moins que celui d'un homme dans tous les cas. En oubliant d'une part, que le fait de faire témoigner les femmes dans le contexte évoqué plus haut est une manière de leur donner un véritable statut juridique et d'autre part, qu'il est possible que cette restriction ait été apportée parce qu'il s'agissait précisément de droit commercial, domaine qui était loin d'être familier aux femmes à l'époque. Rien, si ce n'est une interprétation forcée et proprement misogyne du texte, ne justifie que le témoignage d'une femme vaille intrinsèquement moins que celui d'un homme, surtout dans les sociétés contemporaines où les femmes ont un niveau d'éducation au moins équivalent à celui des hommes.

Il y a une différence entre le débat et la querelle. Une discussion intelligente et respectueuse, même sur des questions complexes, ne doit pas nous pousser à nous positionner pour ou contre un signe religieux. Je passerai chaque instant qu'il me reste à vivre à essayer de comprendre le Coran. C'est un long voyage, pas un survol. Ainsi en va-t-il aussi de la question du voile. De mes lectures, je retiendrai surtout que c'était le signe distinctif d'un statut à part, presque sacré, de l'appartenance à une élite sociale (l'impudeur vestimentaire étant le signe d'une condition inférieure). Avec le temps, cette recommandation devint, sous la pression masculine, la règle générale et l'un des moyens de soustraire les femmes à la vie sociale. Il n'est donc pas étonnant qu'avec le raidissement du fondamentalisme qui va de pair avec l'oppression faite aux femmes dans les sociétés traditionnelles, les différents régimes islamiques aient imposé comme une règle inscrite dans la loi une simple recommandation de décence. L'exemple le plus extrême de cette violence faite aux femmes étant le sort réservé à ces dernières par les talibans en Afghanistan. Cette violence doublée du déni de tout droit, y compris celui d'être éduquée, est en complète contradiction avec les recommandations répétées de décence, de bon comportement et de tendresse envers les femmes, telles qu'elles apparaissent aussi bien dans le Coran que dans la tradition prophétique.

Les relations intimes entre les hommes et les femmes obéissent à une morale commune aux autres monothéismes. La norme est le mariage. Le lien du mariage est sacré selon la tradition prophétique : « Quiconque se marie s'assure la moitié de la foi ; il doit réaliser l'autre moitié par la piété. » Sa rupture par le divorce est considérée comme l'acte licite le plus réprouvé de Dieu. La monogamie est le seul système qui doit s'adapter à certaines exigences : « Si vous craignez d'être injustes n'épousez qu'une seule femme » (sourate 4, verset 3) ; or, on lit ailleurs (verset 128) : « Vous ne pourrez jamais traiter également toutes vos femmes, quand même vous le désireriez ardemment. »

Quant à la « polygamie » du prophète, elle s'explique surtout par des mobiles d'ordre politique qui l'ont incité à ne jamais refuser les offres tribales dans ce domaine. Les mariages créaient des alliances reconnues par les systèmes tribaux de l'époque. Autrement, comment justifier le lien monogame du prophète avec sa première femme Khadija, qui avait atteint l'âge de maturité alors que le prophète était encore dans la fleur de sa jeunesse ? L'homme doit à la femme respect et sollicitude. Un jour, le prophète émit cette affirmation incitatrice au traitement courtois envers les femmes : « Celui qui a le meilleur comportement envers son épouse est le meilleur des hommes. » L'Envoyé de Dieu donnait le bon exemple. On le vit courir auprès d'Aïcha. L'islam interdit aussi au croyant de demander en mariage une femme ayant déjà un autre prétendant.

Il interdit également la restriction volontaire des naissances si celle-ci prive la femme de son plein droit à la maternité. Le mari ne peut l'en priver. La plénitude de la personnalité de la femme est reconnue en cas de guerre. Elle combat aussi. La foi nouvelle donna aux femmes des droits ignorés.

Il y a de nombreux exemples de réussites intellectuelles féminines dans l'histoire de l'islam, notamment dans des domaines précieux comme les sciences religieuses et littéraires. Citons la grammairienne et rhétoricienne Aïcha de Damas, la spécialiste de la jurisprudence et des sciences coraniques Fatima de

Samarkand ou encore la professeure de médecine à l'institut Mansouriah d'Égypte Bent Essaïgh. Des artistes, des juges et des combattantes dans les armées. Elles ont existé, oui. Dans un épisode de la célèbre bataille de Yermouk contre les Byzantins, Asma Bint Yazid dirigea une armée féminine et tua elle-même neuf soldats ennemis. Même dans les périodes les plus troubles, les femmes ne sont pas restées spectatrices. Ghezala Chibanya est une guerrière qui a mis en déroute le célèbre chef omeyyade Al-Hajjaj Ibn Youcef au VIIIe siècle. Dans le sultanat musulman de Delhi au XIIIe siècle, la reine Radia était une cavalière qui maîtrisait les arts de la guerre de son époque.

Les exemples de femmes lettrées qui organisaient des salons littéraires abondent. Elles étaient les actrices majeures de ce que nous pourrions appeler aujourd'hui la diplomatie culturelle. L'université Qaraouyine à Fès a été édifiée par Fatima al-Fihria au IXe siècle. Sa sœur Mariam est aussi connue pour ses œuvres intellectuelles et architecturales. Sous la dynastie des Almohades (1147-1269) qui régna sur l'Afrique septentrionale et la moitié de l'Espagne, Oum Hani était célèbre par la qualité de ses cours en sciences religieuses. Au Maroc septentrional du XIIIe siècle, les Marinides succèdent aux Almohades et révèlent de grandes poétesses comme Sara el-Halabia.

Toutes ces femmes audacieuses et fortes nous fournissent aujourd'hui des preuves tangibles d'une persistance féminine dans les grandes heures décisives des royaumes et principautés musulmanes à travers différentes époques. Elles seront malheureusement insuffisantes pour renouer avec ce passé glorieux. Allez dire aux talibans en Afghanistan qu'il y a quelques siècles, l'Inde voisine a connu une reine musulmane qui montait à cheval mieux que certains hommes. La reine Radia n'intéresse aucun mollah. Le recul de la participation féminine aux affaires sérieuses est proportionnel à la régression des entités politiques et géographiques musulmanes. Cette dégradation se poursuivra jusqu'à l'avènement du colonialisme européen.

Les États peuvent s'appuyer sur les nombreuses conventions relatives aux droits des femmes pour faire évoluer leur législation. Ainsi de l'article 33 de la Charte arabe des droits de l'homme, qui prévoit que « la famille est la cellule naturelle et fondamentale de la société ; elle est fondée sur le mariage entre l'homme et la femme (…). Il ne peut y avoir de mariage sans le plein et libre consentement des deux parties ». Ou encore le protocole à la Charte africaine des droits de l'homme et des peuples, relatif aux droits des femmes, adopté le 11 juillet 2003. Il précise dans son article 6 que « les États veillent à ce que l'homme et la femme jouissent de droits égaux et soient considérés comme des partenaires égaux dans le mariage ». Si la polygamie n'est pas interdite, la monogamie doit être « encouragée comme forme préférée du mariage » et « les droits de la femme dans le mariage et au sein de la famille, y compris dans les relations conjugales polygamiques, sont défendus et préservés ».

Ainsi, en 2001, un nouveau Code de la famille est entré en vigueur en Mauritanie, qui décourage la polygamie. Cette pratique n'est pas abolie, mais l'épouse peut exiger que l'interdiction en soit mentionnée dans le contrat de mariage. Le Maroc a modifié son Code de la famille en 2004, en la soumettant à des conditions strictes, avec obligation d'obtenir une autorisation du juge. Résultat : elle a diminué de près de 7 % en 2005, selon le ministère marocain de la Justice. En Algérie, même si le phénomène restait marginal, l'amendement apporté récemment au Code de la famille oblige les hommes à obtenir le consentement de la première épouse.

Je ne cite ici que les pays à forte émigration vers la France. N'oublions pas, cependant, que l'islam est également la religion de cultures matrilocales, voire matrilinéaires. C'est le cas de l'Indonésie, plus grand pays musulman au monde, et de la Malaisie. Il n'y a pas un islam, il n'y a que des croyants.

Qu'en est-il de la France ? Eh bien, c'est simple. Comme tous leurs compatriotes, les musulmans de France respectent la loi de leur pays. À savoir, qu'il est interdit, selon l'article 147 du Code civil, de contracter un second mariage si les liens du premier n'ont pas été rompus. Et ce, bien sûr, quelle que soit la nationalité des personnes concernées. Le non-respect de cette disposition entraîne la nullité du mariage dès son origine. L'article 188 du Code civil prévoit par ailleurs que « l'époux, au préjudice duquel a été contracté un second mariage, peut en demander la nullité, du vivant même de l'époux qui était engagé avec lui » et l'article 184 que cette nullité peut être demandée « soit par les époux eux-mêmes, soit par tous ceux qui y ont intérêt, soit par le ministère public ». Du point de vue pénal, la bigamie est un délit sanctionné d'une peine d'un an d'emprisonnement et d'une amende de 45 000 euros. Une peine qui s'applique aussi bien à celui qui contracte le mariage (ou, d'ailleurs, le pacs) qu'à l'officier d'état civil qui le prononce (article 433-20 du Code pénal). Le ministre du culte est quant à lui tenu de demander le certificat de mariage civil avant de prononcer le mariage religieux. S'il se soustrait à cette obligation, des sanctions sont prévues. Les imams de France, au même titre que les prêtres, les rabbins et les autres ministres du culte, respectent cette disposition au pied de la lettre.

Soyons clairs. Je fais mienne, sans réserve, la déclaration d'Annie Sugier, présidente de la Ligue du droit international des femmes, selon laquelle « la polygamie n'est pas une affaire secondaire ». Cette pratique honteuse concerne des millions de femmes. Et la combattre est un engagement juste et nécessaire. Mais, je vous en conjure, cessons de tout mélanger. L'islam, qui ne l'encourage pas mais au contraire la réprouve, n'y est pour rien.

Il y a également les initiatives prises par les femmes elles-mêmes qui entendent s'approprier ce sujet qui les concerne. C'est ce que qualifie Asma Lamrabet de « renouveau féminin », qui réside dans la volonté affichée des femmes – théologiennes, universitaires, militantes associatives… – de développer un discours qui leur soit propre.

Il faut le dire clairement : les femmes musulmanes en ont assez d'être des « sujets d'étude », de voir que l'on parle toujours à leur place et qu'on les renvoie toujours à la même symbolique, celle d'éternelles mineures, sujets passifs de leur histoire et otages de discours au gré des événements géopolitiques !

L'analyse des discours islamistes et conservateurs montre comment la religion continue à être utilisée pour justifier des conceptions et des pratiques qui constituent une atteinte à la dignité de la femme et une négation de ses droits d'être humain.

C'est au nom de cette idéologie que les adversaires de l'égalité des sexes justifient toutes les autres discriminations appuyées sur le même type d'énoncés coraniques.

Ibn Rushd – Averroès – doit se retourner dans sa tombe, lui qui, au XIIIe siècle, déplorait les discriminations à l'égard des femmes, et leurs effets négatifs sur la société et l'économie, tout en affirmant l'égalité fondamentale et naturelle entre les sexes, et qui pensait que les femmes pouvaient occuper toutes les fonctions, y compris celles que certaines législations réservaient aux hommes comme la direction des affaires politiques et religieuses.

La tutelle des hommes sur les femmes est justifiée au nom d'une lecture particulière du Coran et se sert d'une terminologie dite religieuse qui mériterait aujourd'hui un grand époussetage. Pour maintenir la servilité féminine au profit de la domination masculine au foyer, on utilise le terme de *nouchouz* (rébellion). Il est affligeant de constater que les porteurs de ce discours sont parfois des femmes musulmanes qui ont intériorisé cette forme de machisme religieux pour le justifier et faire de l'obéissance aveugle de l'épouse à son mari une preuve d'adoration de Dieu, quitte à recevoir des coups « pour son bien ». C'est donc au nom de la discipline religieuse que l'acceptation du machisme devient du masochisme. Des hommes sadiques qui aiment voir leur compagne souffrir se voient ainsi adulés par des victimes tellement endoctrinées qu'elles pensent que la souffrance infligée est un chemin vers Dieu. Cette psychologie de l'acceptation du « châtiment religieux masculin » est un angle mort de la condition féminine dans le monde musulman. Elle part d'une lecture jamais révisée d'un verset coranique : « Exhortez celles dont vous redoutez l'insubordination. Reléguez-les dans des lits à part et sévissez contre elles. Si elles vous obéissent, ne leur cherchez plus querelle. En vérité Dieu est Très Haut et Très grand » (sourate 4, verset 34). Certaines traductions utilisent le verbe « frapper » qui n'est peut-être pas le bon. Certains auteurs contemporains n'hésitent plus à remettre en question la traduction et le sens même du verbe arabe *dharaba*. Certes, « frapper » est une des significations possibles de ce verbe, mais la racine de ce mot rappelle aussi l'idée d'arrêt, de rupture ou de cessation. Qui ose nier qu'il y a une idée de pause dans la relation de couple quand les choses vont mal. Le mot *idhrab* signifie « grève » et c'est la même racine que *dharaba*.

La même argumentation est utilisée pour justifier l'équivalence entre le témoignage d'un homme et celui de deux femmes, en référence au Coran. Ce qui nous paraît aujourd'hui comme une discrimination en matière d'héritage vient aussi de cette lecture jamais soumise au « *Ijtihad* » évoqué plus haut. Le refus de toute relecture permet au système patriarcal et conservateur de bloquer le mieux-disant social qui ferait beaucoup de bien à la société mais qui remettrait en question sa pérennité. Ce grand ensemble de prescriptions présentées comme indiscutables et relevant du divin n'est en fait qu'une fabrication humaine tout à fait discutable. Parfois, elle trouve sa justification dans un désir sincère de protection de la religion contre le chaos. Des préceptes discutables valent mieux que le désordre. C'est une posture compréhensible, certes, mais elle est devenue dangereuse pour la liberté qui, dois-je le rappeler, est un équilibre entre les droits et les devoirs.

Rares sont les dirigeants politiques de la période post-coloniale à avoir tenté des réformes dans les pays musulmans. Habib Bourguiba est un des seuls à l'avoir fait, prenant le risque de subir la propagande islamiste qui le fait passer pour un apostat dans les accusations les plus virulentes. Le fait est qu'il inscrit l'éducation des femmes tunisiennes au-dessus de toute autre considération. Par cette stratégie, il a donné à la société tunisienne la possibilité de construire une société civile qui a montré son utilité lors des révoltes arabes. Faut-il rappeler que c'est l'exemple le mieux abouti de cette vague démocratique qui a traversé le monde arabe en 2011 ? Malgré toutes ses imperfections, le modèle tunisien reste intéressant, n'en déplaise aux islamistes qui ont essayé de le confisquer. La Tunisie n'a pas hésité à interdire la polygamie malgré la pression des forces conservatrices. Les islamistes tunisiens poursuivent inlassablement leur œuvre de démantèlement des acquis féminins. Bourguiba était peut-être visionnaire, mais il n'a pas légué aux Tunisiens une véritable doctrine partagée par le plus grand nombre. Le régime qui lui a succédé a fait de l'autoritarisme un moyen d'abrutissement qui a favorisé le retour des postures rétrogrades. C'est ainsi que le leader du mouvement islamiste tunisien Rached Ghannouchi demanda au début des années 1980 la révision du Code du statut personnel qui avait abrogé la polygamie. L'élasticité qui caractérise les islamistes quand ils sont encore en position de faiblesse a conduit les islamistes tunisiens à décréter que la charia pouvait accepter certaines interprétations comme l'interdiction de la polygamie. Comble de l'ironie : les islamistes tunisiens prétendent agir de la sorte pour garantir plus de droits pour les femmes. Leur arrière-pensée restera la même. Elle s'appuie sur un hadith qui promettrait la déchéance à tout peuple dirigé par une femme. En répercutant cette pensée sur les autres niveaux de la société, on interdit donc aux femmes d'accéder à des postes de responsabilité, aussi bien politiquement que dans les entreprises. Même quand ils acceptent, contraints, la présence féminine dans l'espace public, ils trouvent toujours les bonnes ruses pour tisser leur toile. Ils peuvent accepter le travail des femmes à condition qu'elles soient voilées. Le fait de ne pas porter le voile, selon cette vision avilissante, devient une forme de nudité. Travailler nue devant les hommes ! Quelle horreur ! Cette intimidation par les mots fonctionne relativement bien. Leur arsenal n'est jamais à court d'idées. Ils ne peuvent plus s'opposer à l'instruction des femmes, mais ils peuvent toujours voiler les étudiantes ou dénoncer la mixité, quitte à faire passer les cités universitaires pour des lieux de plaisir illicites et salir la réputation de celles qui refusent leurs injonctions, au nom de la protection des mœurs islamiques.

Telle est la situation dans le pays musulman le plus avancé et le plus respectueux des droits des femmes. Alors, en dépit des déclarations d'ouverture en Arabie saoudite, j'attends de voir. En Occident, une vague de soulagement a donné lieu à des commentaires empreints d'optimisme, parce que l'interdiction faite aux femmes de conduire des voitures serait levée. Au mieux, cet optimisme relève de la naïveté. Au pire, nous faisons toujours face à un esprit infantilisant qui fait d'une femme saoudienne au volant un être enfin émancipé, comme si la notion même d'émancipation était à géométrie variable. Estime-toi heureuse, femme saoudienne, que tu puisses enfin passer ton permis de conduire ! C'est quand même une avancée, non ? Remplaçons le mot *saoudienne* par *allemande* ou *belge* et nous obtiendrons la preuve qu'un tel raisonnement relève d'une absurdité incompatible avec nos déclarations occidentales sur la condition féminine. Si nous cédons sur ce terrain-là, nous finirons par nous réjouir que des fillettes afghanes puissent se rendre à l'école pour apprendre les mathématiques.

La réputation de la femme, vue comme un « danger moral », a encore un long chemin à parcourir pour redevenir normale. Nous n'avons pas besoin d'aller jusqu'en Afghanistan pour le constater. Il suffit de s'intéresser à ce qui se passe chez nous en Europe, dans nos propres hôpitaux. Certains hommes imposent un régime de terreur au personnel médical et interdisent aux médecins hommes d'examiner leur femme. Un jour peut-être, ces individus exigeront que les infirmières soient vêtues comme le veut la charia islamique, des infirmières qui cachent leur *awra*. Cette notion renvoie à ce qui ne doit pas être montré. C'est ce mot qui a transformé la moindre surface du corps féminin en terrain sur lequel les extrémistes rivalisent de fantasmes et d'interdictions. La moindre mèche de cheveux devient un objet de désir diabolique, car la femme devient la maudite tentatrice qui invite l'homme à la fornication par le simple son de sa voix ou son souffle.

Évidemment, ces postures partent toujours d'un texte décontextualisé et il existe bien des exemples : « Dis aux croyants de baisser leurs regards et de préserver leur chasteté. Cela est plus à même de les purifier. Dieu connaît parfaitement ce qu'ils font. Dis aux croyantes de baisser leurs regards et de préserver leur chasteté et de ne laisser voir de leur parure que ce qui en paraît. Qu'elles rabattent leur voile sur leurs flancs et ne montrent leur parure qu'à leur époux, à leur père, au père de leur mari, à leurs fils, aux fils de leurs maris, à leurs frères, aux fils de leurs frères, aux fils de leurs sœurs, à leurs dames de compagnie, à leurs esclaves femmes, aux domestiques hommes qui n'éprouvent aucun désir pour les femmes, aux enfants non instruits sur les parties intimes des femmes. Qu'elles ne marchent pas de façon à attirer l'attention sur leurs atours qu'elles cachent » (sourate 24, versets 30-31).

Il faudrait toute une vie pour essayer de comprendre les contextes dans lesquels de tels versets ont été révélés. D'ailleurs, une seule vie ne suffira pas. La vie ou l'avis d'un seul homme sur de tels sujets est une légèreté inacceptable. Pourtant, c'est cette légèreté qui caractérise la démarche des salafistes trop pressés de comprendre et d'expliquer la parole de Dieu. Les raccourcis qu'ils empruntent sont d'une prétention étonnante. L'idée de pouvoir châtier des hommes et des femmes leur procure une excitation plus intense que la pratique sexuelle illicite qu'ils prétendent combattre. Cette guerre ouverte contre la féminité fait d'un simple parfum un outil de débauche, car susceptible d'exciter les hommes. La vision islamiste des relations entre les hommes et les femmes les réduit à un état bestial dans lequel seul l'instinct s'exprime.

La confiscation des droits de la femme par les islamistes repose donc sur des normes religieuses devenues des lois inamovibles de droit divin. Ce long processus est passé d'abord par une transformation des coutumes ancestrales en règles sacrées. Dans les sociétés conquises par l'islam, il y avait des coutumes (*aaraf*) que cette nouvelle religion n'a pas cherché à effacer. Devant la diversité des nouvelles sociétés musulmanes, il y a eu une multitude de cas juridiques à gérer. L'islam a poursuivi son expansion et les théologiens ont dû s'adapter à cette expansion tout en se réclamant de la loi islamique. Le cas le plus emblématique aujourd'hui est peut-être le début du mois de ramadan. La visibilité du croissant lunaire n'est pas la même au Qatar ou en Libye. Pour cela, le jeûne ne commence pas le même jour. Ajoutons à cela l'influence supposée des Frères musulmans en Libye et on comprendra que les jeûneurs qui n'apprécient pas cette mouvance n'apprécient pas non plus le soutien qui lui est apporté par le Qatar. Jeûner le même jour que « l'ennemi » est donc inconcevable. C'est ainsi depuis de longs siècles et les considérations politiques n'ont jamais eu de mal à s'appuyer sur l'adaptabilité et la souplesse de spécialistes du droit. Quand la politique veut, la charia peut.

Attention tout de même à ne pas jeter l'opprobre sur les nombreux savants sérieux qui ont travaillé du mieux qu'ils pouvaient afin de fournir très sincèrement aux musulmans de tous les pays et à différentes époques les moyens d'une meilleure compréhension de leur religion. C'est-ce qui a donné lieu à des notions comme *oussoul Al-Fik'h* (fondements juridiques), *aaraf* (coutumes) ou *massalih moursalah* (intérêts courants) qui ont structuré la pensée juridique. C'est ainsi que les textes sources ont toujours été appréhendés en même temps que les traditions et les cultures locales. De cet effort intellectuel des juristes théologiens sont nés des outils tels que *houdoud*, traduit à tort par « châtiments ». D'un point de vue purement linguistique, le mot est le pluriel de *hadd* ou « limite ». Très souvent, ce mot est accompagné dans les textes sources par la notion d'apaisement. Nous devrions trouver dans cette proximité entre les deux idées un esprit de modération. Il ne faut pas dépasser les limites dans l'application des sanctions. C'est ce que je comprends et c'est cela qui devrait guider notre réflexion réformiste. C'est l'esprit même de la tradition prophétique : « Facilitez et ne rendez pas les choses difficiles ! Annoncez de bonnes nouvelles et ne faites pas fuir ! » De ce hadith, nous comprenons que le prophète privilégiait la souplesse. Quand il avait le choix entre deux options, il choisissait la plus simple tant qu'elle n'était pas illicite. Cette souplesse est la meilleure preuve que le droit est évolutif et qu'il doit toujours viser le bien et la justice. Cette réflexion sur la condition féminine nous permet de mieux comprendre le cadre philosophique dans lequel nous pourrions travailler ensemble. Elle nous permet aussi de couvrir d'autres thèmes urgents en les soumettant sans cesse au filtre de la situation et du contexte.

Il est important de distinguer ces deux notions. Dans toute situation, l'individu interagit réciproquement avec son milieu. Le contexte, quant à lui, soumet l'individu à un comportement auquel il ne saurait déroger. Nous pourrions aller plus loin, mais je préfère me contenter de cette introduction philosophique afin d'engager une réflexion participative.

On ne peut plus se permettre d'ignorer des siècles d'évolution et calquer des règles édictées par des juristes omeyyades en l'an 700 pour les appliquer à des musulmans en Norvège en 2022 sans se dire qu'il y a peut-être un contexte différent. Nous avons le devoir de relire le Coran et le hadith pour mieux en maîtriser l'application aujourd'hui. C'est dans ce cadre, qu'avec les imams de la Grande Mosquée de Paris, j'ai engagé dès mon arrivée à la tête de cette institution religieuse un travail exhaustif de réforme de la pensée islamique et de lutte contre l'obscurantisme religieux en utilisant les méthodes de l'analyse scientifique dans les traces des grands réformateurs musulmans que sont Mohamed Tahar Ben Achour, de l'université Zitouna de Tunis, de Salem Bouhageb, de Mohamed Abdou, en Égypte, Lakhdar El Houssaine et Abdelhamid Ibn Badis.

Nous ne pouvons bloquer l'évolution du droit et ignorer les évolutions multiformes de nos sociétés de plus en plus diverses. Si nous réussissons à déplacer les lignes sur le sujet de la femme, tout le reste suivra. C'est-ce qui me fait dire que la femme est l'avenir de l'islam. Le sort fait aux femmes est le révélateur du conservatisme. Les conservateurs craignent le changement, car il peut ébranler leurs certitudes et mettre en péril des systèmes construits plus sur des approximations que sur des études sérieuses. Tout travail sérieux digne de ce nom nous emmènerait immédiatement sur les traces des femmes musulmanes qui ont joué un rôle décisif dans l'histoire. C'est très dangereux pour la stabilité des patriarcats, d'où la méfiance envers toute pensée ou tout livre émanant d'une personnalité féminine ou féministe. Au-delà des difficultés économiques (réelles) de certains pays musulmans, c'est la méfiance envers les femmes en tant que force de production qui bloque leur essor. Même les femmes qui partent voilées au travail souffrent d'une propagande banalisée qui fait d'elles des employées suspectées de vouloir se mêler à des hommes qui les observent goulûment et les gardent sur le qui-vive.

Il me semble que la question féminine est plus prioritaire que n'importe quel débat sur la charia. Discuter du droit et de son adaptabilité à notre vie moderne peut produire des idées intéressantes, mais elles le seront beaucoup plus si le débat s'oriente vers la condition féminine. La féminisation du débat sur l'islam est urgente. Les islamistes ont réussi à nous piéger dans des polémiques qui ne conduisent nulle part afin de nous priver du temps nécessaire pour débattre de la condition féminine. Quand ils se laissent entraîner sur ce terrain-là, ils arrivent à nous coincer dans un aller-retour incessant au sujet du voile : pour ou contre ! Les plus modernistes et les plus réformistes d'entre nous se font imposer ce couloir exigu sans se rendre compte que c'est un faux débat qui nous éloigne encore plus de la modernité.

C'est en Occident, et particulièrement en France, qu'il nous est permis de réfléchir aussi librement. Dans les pays musulmans et malgré l'immense qualité du travail produit par les intellectuels locaux, il y a une tendance à l'acceptation d'une configuration qui met le pouvoir et les islamistes dans une même équation, comme dans un match truqué. Les adversaires les plus déterminés de l'islamisme sont prêts à le combattre par les armes pour se maintenir au pouvoir et acceptent volontiers que des islamistes imposent des règles morales dans l'espace public, souvent au détriment des femmes. Tant que la condition féminine reste secondaire dans nos préoccupations, nous n'avancerons pas au rythme qu'il faut pour réaliser de véritables projets.

LA FEMME EST L'AVENIR DE L'ISLAM

Oui, la femme est l'avenir de l'islam. J'ai emprunté cette belle idée au poète Louis Aragon, parce qu'elle résume le profond respect que m'inspirent les femmes musulmanes. Je suis né Algérien, originaire de la rive sud de la Méditerranée, élevé dans des valeurs de respect de l'altérité, de générosité, d'ouverture à l'autre. Je suis français. D'adoption, d'adhésion et d'adhérence, car amoureux de la République, attaché à ses principes, respectueux de son histoire, avec une mémoire apaisée face à ses pages noires et un attrait pour l'esprit des Lumières qui fut le prélude de la révolution et de la laïcité. Je suis musulman par conviction, par héritage et par engagement. Mes parents, eux-mêmes croyants et pratiquants, ne m'ont pas seulement enseigné la tolérance, mais l'acceptation de l'Autre, de la différence, la sacralité de l'intégrité physique et le respect de l'espèce humaine. L'islam algérien qui m'a bercé m'avait appris à accepter la critique et à respecter l'expression et les convictions contraires. Je dois cet état d'esprit aux femmes qui m'ont éduqué et accompagné dans cette quête de l'excellence humaine. Cette éducation a fait de moi l'homme que je suis devenu. Comment imaginer une société éduquée sans une reconnaissance réelle du rôle des femmes ? Quand de graves questions se posent à notre société, c'est vers les femmes qu'il faut se tourner et leur demander : qu'en pensez-vous ? Non, le 8 mars et ses protocoles soporifiques ne suffisent plus. La misogynie ne reculera pas avec des traitements anesthésiants, car le mal est profond et la douleur de plus en plus insupportable. J'observe l'effervescence des débats sur les réseaux sociaux et je me retiens d'exprimer ma colère envers ceux qui insultent la féminité.

Une des polémiques les plus violentes concernait Mila, une jeune femme de 16 ans. Quand elle a décidé de s'exprimer au sujet de l'islam sur Instagram, ses détracteurs ont tout de suite réagi. Elle a riposté. Le ton est monté. Très vite, sa vie est devenue un enfer. Face aux menaces et au cyberharcèlement, l'État de droit s'est exprimé et ses harceleurs ont été sanctionnés. Tous ? Certainement pas. La décision de justice ne suffira pas à apaiser cette jeune Française ou la réconcilier avec l'islam. Les mots qu'elle a jetés sur les réseaux sociaux étaient désagréables, certes, mais comment imaginer qu'un simple post pouvait fragiliser notre religion ? L'islam est-il vulnérable à ce point ? Il y a parmi nous des musulmans qui sous-estiment la force de leur propre croyance. Durant quatorze siècles, le message coranique a éclairé l'humanité sans jamais s'éteindre. Je lis les critiques envers l'islam et je me dis que les détracteurs qui tiennent parfois des propos offensants le font aussi par ignorance. Qu'avons-nous appris nous-mêmes sur notre religion ? Cette situation existe dans le Coran : « Les serviteurs du Tout Miséricordieux sont ceux qui marchent humblement sur Terre, qui, lorsque les ignorants s'adressent à eux, disent : « Paix » (sourate 25, verset 63). Ce qui était au départ une dispute entre gamins a dérapé et a attiré beaucoup de frustrés et de haineux se vivant comme de zélés défenseurs de l'islam. Beaucoup de ceux qui ont insulté ou menacé Mila n'étaient même pas musulmans. Et ceux qui le sont ne connaissent absolument rien de la religion dont ils se revendiquent. C'est d'ailleurs notre premier drame : l'ignorance. D'autres sont uniquement des délinquants qui portent un nom à consonance musulmane et leur attachement à l'islam est proche de zéro. La force de notre religion réside dans ses enseignements. Il ne tient qu'à nous d'apprendre à maîtriser notre colère face à l'agressivité, comme le faisait le prophète de l'islam. Un jour, alors qu'il marchait parmi les gens, un individu aux manières abruptes le saisit brutalement par le col de son habit. Le geste était tellement fort qu'il laissa une trace visible sur son cou. Le malotru réclamait de l'argent au prophète, en sa qualité de chef suprême des musulmans et dépositaire de l'argent public. Le prophète sourit et ordonna d'examiner sa requête avec la plus grande bienveillance. Face à une telle indélicatesse, un homme ordinaire aurait opposé un geste défensif, voire querelleur. Le prophète a souri. Tout simplement. On ne compte plus les situations dans la tradition prophétique qui enseignent la maîtrise de soi face à l'outrage. Par les faits et les gestes, il a appris à ses adeptes l'indulgence. D'ailleurs, « indulgent » est la traduction de El Halim, un des quatre-vingt-dix-neuf noms de Dieu qui dit à son envoyé : « Et Nous ne t'avons envoyé que comme une miséricorde pour les mondes » (sourate 21, verset 107). J'avais besoin de ce rappel et Mila avait besoin de notre indulgence. Elle avait le droit de se tromper. Par le biais de son avocat, mon ami et confrère Richard Malka, nous avons organisé sa visite à la Grande Mosquée de Paris. J'étais enthousiaste car je tenais à lui montrer qu'il existait d'autres musulmans que cette minorité qui l'insultait ou la menaçait sur les réseaux sociaux. Elle était ravie de se retrouver dans le beau jardin de la Grande Mosquée de Paris. Elle ne savait presque rien de notre religion. Je lui ai offert symboliquement un exemplaire du Coran. Mon intention était d'apaiser les tensions qui planait sur elle et de lui permettre de reprendre une vie normale, car il n'est pas admissible qu'une personne soit menacée dans son intégrité physique pour ses opinions. J'ai reçu une jeune femme de caractère, pas encore majeure, capable néanmoins d'influencer les débats qui ont lieu dans notre société. Naturellement je ne cautionne pas les propos, souvent excessifs, qu'elle tient sur l'islam, mais je rappelle que c'est son opinion et que chaque citoyen est libre d'exprimer la sienne même de façon maladroite pour peu qu'elle ne contrevienne pas à la loi. Or, le droit français autorise la critique, même véhémente, des religions. Apprenons, nous musulmans, à vivre avec notre contexte sociologique et juridique. Fallait-il l'accueillir plutôt que de rester indifférent devant le torrent de haine qui se déversait sur elle à travers Internet et les réseaux sociaux ? Oui, incontestablement. Mila n'est pas une ennemie, elle est une enfant de la République qui a les qualités de son tempérament de feu et les défauts de son âge. Une femme musulmane présente ce jour-là dans le patio de la Grande Mosquée de Paris a regardé Mila avec étonnement et a considéré que sa visite était une agréable surprise. Cette femme était ravie. Elle restera anonyme, tout comme les millions de femmes musulmanes qui propagent autour d'elles l'amour et la paix. Un peu partout à travers le monde, elles espèrent beaucoup de nous. Qu'attendons-nous pour leur dire à notre tour le dégoût que nous inspirent ceux qui souhaitent les déposséder de tout, y compris de leur propre corps ? Pourtant, l'islam que je connais depuis que je me connais moi-même accorde à la femme un rôle essentiel dans la construction des sociétés.

Aussi loin que puissent remonter mes lectures dans l'histoire, j'ai du mal à trouver des textes antérieurs aux textes islamiques sur la femme en tant que sujet de droit. À travers les siècles, la femme a longtemps été considérée comme une chose insignifiante perdue dans la nature, qui n'appartient à personne. Soudain, une religion déclare la femme « sujet de droit » : elle peut disposer de ses biens, en jouir sans intermédiaire, gérer son patrimoine en toute indépendance, y compris devant son mari, ou le donner en gérance à un tiers. Même la question de l'héritage qui est devenue pour les contempteurs de l'islam la preuve de l'exclusion volontaire de la femme est tronquée. Il est utile de rappeler quelques versets du Coran qui symbolisent l'égalité spirituelle des hommes et des femmes : « Quiconque fait une mauvaise action ne sera rétribué que par son pareil ; et quiconque, mâle ou femelle, fait une bonne action tout en étant croyant, alors ceux-là entreront au Paradis pour y recevoir leur subsistance sans compter » (sourate 40, verset 40).

Dans un climat de misogynie drapée de religiosité, je constate l'impopularité de certains textes auprès des extrémistes qui présentent une lecture bien sélective de l'héritage prophétique. Pourquoi ne racontent-ils donc pas l'histoire de l'absolution accordée par le prophète à une prostituée parce qu'elle a abreuvé un chien qui allait mourir de soif ? Il y a au moins une double raison à cela : son statut de femme et sa vie dissolue. Les islamistes sont incapables de porter un regard asexué sur la femme. À leurs yeux, elle se rend coupable d'une aberration qu'ils s'empressent de couvrir afin de garantir à la société une prétendue pureté débarrassée de cet objet du désir. Cette « aberration » est son propre corps. En présentant les rapports entre les hommes et les femmes à travers un prisme exclusivement sexuel, ils les réduisent à un aspect purement bestial. Comme on enferme les bêtes dans un enclos, on enferme aussi les femmes dans la maison du père, du mari ou de tout autre homme dépositaire d'un droit de tutelle sur cet être jugé mineur de la naissance à la mort. Dans la société musulmane, pour des raisons culturelles plus que religieuses, le rôle social de la femme évolue strictement au sein du foyer, c'est-à-dire aux tâches ménagères, à la reproduction et à l'éducation des enfants. Point final. Un grand malheur s'est abattu sur les musulmans depuis que le fantasme s'est mélangé avec les textes dans des esprits pervers, donnant naissance à un courant de pensée qui traque le vice dans le moindre cheveu de la femme, dans la moindre surface de sa peau et dans la moindre intonation de sa voix. Cette diabolisation se transmet de génération en génération et il est temps que cela cesse. Au nom de Dieu, disons stop à cette dévalorisation permanente et cette infantilisation systématique de la femme. Citons le Coran : « Les croyants et les croyantes sont alliés les uns aux autres. Ils commandent le convenable, interdisent le blâmable » (sourate 9, verset 71).

Le ton accusateur envers les femmes dans le discours religieux est la preuve que nous cumulons des siècles de retard et que nous sommes dévorés par la laideur. Nous devons arrêter les compromissions avec ces hommes qui rejettent la beauté d'une manière générale et celle des femmes en particulier. Notre prophète célébrait les femmes. Faisons comme lui. Revenons à notre esthétique et notre art de vivre. Reprenons nos délicieux parfums d'Andalousie et vivons avec les autres comme l'ont fait nos génies dont les œuvres ont marqué à jamais l'humanité. Revenons à la première question qui a déclenché toute cette réflexion : l'islam engendre-t-il la violence ? Une société soumise à la violence se reconnaît surtout au traitement qui y est réservé aux femmes. Or des abus sont commis envers les femmes au nom de l'islam. Le plus méprisable est celui qui la prive de sa responsabilité sur elle-même. Cette réflexion ne pouvait pas prendre tout son sens sans cette mise au point sur la place des femmes dans la société. À lui seul, ce sujet mérite plus qu'un livre afin de mettre en évidence tous les concepts et tous les mots qui ont servi à asservir les femmes.

Quand l'ancien président Nicolas Sarkozy a déclaré en 2009 que la burqa n'était pas la bienvenue en France, le CFCM s'est rallié à cette déclaration. Je ne le regrette en rien. Pas plus que je ne regrette de m'être fermement opposé à une loi qui encadre l'interdiction du voile intégral dans les lieux publics. On s'attaque aux symptômes du mal sans plus de profondeur. Les théoriciens du séparatisme sont les véritables acteurs auxquels il faut s'intéresser. Chasser les « Belphégor », comme on les appelle, semble relever d'une extrême priorité. Pourtant, le vrai problème est ailleurs : misère sociale, désarroi d'une jeunesse sans avenir, perdue dans une société qui glorifie l'argent.

Qui se préoccupe du sort de ces femmes isolées, vivant enfermées dans leur HLM ? Les plaisantins de la politique leur reprocheront de n'avoir pas cherché à s'assimiler. Tout n'est pas seulement question de volonté. Ces femmes, venues rejoindre un mari appelé par un pays en manque de travailleurs, ne portaient pas de voile intégral mais elles souffrent d'un déficit d'intégration bien supérieur à celles qui l'arborent. Complètement marginalisées, elles n'intéressent personne, et certainement pas nos hommes politiques. Elles arrivent aujourd'hui à un âge avancé, et ressemblent, de plus en plus, à l'ombre d'elles-mêmes. Comme avocat, j'avais déposé un recours pour l'une d'entre elles, à qui l'on refusait la nationalité française. Elle vivait dans ce pays depuis 1964. Veuve depuis peu, elle avait sept enfants, tous français. « Vous ne parlez pas français, donc vous n'êtes pas assimilée », lui a-t-on répondu. Imaginez le drame de cette femme. C'est son fils qui m'a apporté le dossier : elle ne sortait plus de chez elle.

La seule chose que je pouvais lui dire, c'est que la question du port du voile par les musulmanes n'est pas simple. De grandes autorités religieuses minimisent la portée du foulard, et de nombreuses musulmanes dans le monde vivent leur foi pleinement sans se couvrir les cheveux. Le port du foulard a connu un grand retentissement social car la question dépasse la sphère religieuse. Il est souvent présenté comme la marque d'une infériorité des femmes et d'une logique de soumission. Il est présenté comme la marque d'une ségrégation de l'islam à l'encontre des femmes.

Revenons au voile intégral. Historiquement, on le justifie par le fait que les épouses du prophète, et notamment la dernière, Aïcha, une femme active, loin de l'image de la compagne mutique et résignée, dressaient entre elles et leurs visiteurs un voile destiné à préserver la pudeur jugée nécessaire à leur statut. Aujourd'hui, en France, les musulmanes portant le niqab cherchent à se rapprocher du prophète en ressemblant à son épouse. Je pense qu'elles font erreur, mais je m'abstiens de tout blâme. Comme je l'ai dit à l'Assemblée nationale lors d'une audition du CFCM, en tant qu'autorité religieuse nous ne devons pas nous cacher derrière notre petit doigt. Ces femmes portent le voile intégral au nom du même texte sacré que le nôtre, même si j'estime qu'elles en font une interprétation erronée. Nous avons pour devoir de les comprendre, puis de les convaincre de le retirer, pas de les chasser.

Je m'emporterais peut-être moins contre une telle loi si l'on mettait autant d'énergie à aider la communauté immigrée d'Afrique du Nord qu'à la blâmer.

Il y a quelques années, je marchais dans les rues d'Alger, où beaucoup de femmes portent le hijab, ce voile qui laisse le visage découvert, quand j'ai croisé le chemin de deux femmes portant le voile intégral. J'ai été choqué, comme n'importe quel Parisien peut l'être. J'ai grandi dans une atmosphère radicalement différente. Chez moi, les femmes sont actives. Elles occupent des fonctions sociales gratifiantes – avocates, médecins, écrivains, etc. Cela ne les empêche pas d'être très pratiquantes et de respecter les cinq piliers de l'islam. En Algérie, les femmes ont joué un rôle important dans la guerre de décolonisation. Le 5 juillet 1962, jour de l'indépendance, ma mère a retiré son voile traditionnel (*haïk*) en signe d'émancipation, comme de nombreuses autres Algériennes. Elle avait perdu un enfant au maquis, s'était battue sans jamais flancher. Une fois la victoire acquise, elle s'est symboliquement libérée de cette tradition.

De telles circonstances vous marquent à vie. Alors oui, quand je vois ce long voile noir recouvrir le visage et le corps d'une femme, j'ai un mouvement de recul tout en m'interdisant de juger le lien que cette femme entretient avec sa religion ou sa manière de la pratiquer.

La foi est une affaire intime, en islam. L'ostentation y est proscrite. Le Coran encourage la connaissance, l'instruction. Le port du voile intégral fait l'effet d'une provocation, mais il relève d'une pratique extrêmement minoritaire, à l'opposé de ce que souhaite l'immense majorité de la population musulmane : une vie sociale apaisée, un travail, un logement. C'est en renforçant les moyens d'émancipation des femmes et en promouvant l'ascenseur social qu'on luttera contre ces phénomènes régressifs. Pas en donnant une importance disproportionnée à un phénomène appelé à disparaître de lui-même, car il n'offre aucune perspective constructive. D'ailleurs, le voile intégral n'est pas une pratique courante dans les pays du Maghreb. Il s'agit bien d'une importation.

À l'instar du Conseil d'État, j'estime qu'une interdiction générale ne repose sur « aucun fondement juridique incontestable ». Le Conseil de l'Europe et la Cour européenne des droits de l'homme se sont également prononcés contre une telle mesure. La loi ne peut imposer à la vie privée des personnes que des interdictions limitées (jamais générales) et strictement proportionnées à un but d'intérêt général. Or, il n'y a jamais eu le moindre trouble à l'ordre public, les actes administratifs imposent les photos tête découverte et, en cas de troubles sociaux, de nombreux textes constituent déjà des recours. Quant aux considérations sur le statut des femmes, elles me laissent perplexe. Non pas, bien sûr, que je considère que le voile intégral ne pose pas de question morale. Mais, dans une démocratie, les choix individuels sont considérés, a priori, comme décidés librement et avec discernement. C'est, si elle le juge nécessaire, à l'autorité publique de prouver le contraire.

En renvoyant la femme musulmane sans cesse à l'image d'un islam extrême, en ne s'intéressant à elle que pour rappeler qu'elle gêne, on la pousse dans les bras de ceux que l'on aimerait combattre. La Commission nationale consultative des droits de l'homme est de cet avis. Le 21 janvier 2010, son assemblée plénière adoptait, par 34 voix contre 2, un avis négatif, s'inquiétant « d'un débat qui risque d'assimiler l'ensemble des musulmans à une minorité radicale, même si la doctrine islamique majoritaire ne considère pas que le port du voile intégral soit une prescription religieuse. [...] une loi prohibant le port du voile intégral, très probablement perçue et vécue comme antimusulmane, risquerait de renforcer l'audience et l'influence de ces mouvements radicaux qu'il convient de condamner ». Quelques mois après qu'eurent recommencé les polémiques sur le voile, en juin 2010, une dizaine de jeunes filles se présentaient d'ailleurs aux épreuves du bac portant, pour trois d'entre elles, un niqab et, pour les sept autres, un simple foulard. Elles réclamaient en outre le droit de composer dans une pièce à l'écart des hommes. Les enseignants, choqués, ont précisé qu'ils ne les avaient jamais vues que tête nue.

Ces positions vous paraissent inconciliables ? Elles ne le sont aucunement. Comme le gouvernement, je déplore le port du voile intégral mais je préconise que soit entrepris un travail de fond. La raison première est que je ne peux m'empêcher de m'inquiéter de ces feux incessants dirigés contre la communauté musulmane de France. La controverse virulente au sujet du voile en 2004 ; la polémique qui a suivi la mise en vente par certains fast-foods de viande halal en 2010 ; la question des minarets ; la cristallisation du débat autour de la polygamie, puis du voile intégral. C'est beaucoup pour une seule religion. Était-il véritablement nécessaire d'ajouter à l'arsenal juridique une loi qui ne ferait que renforcer la stigmatisation d'une partie de la communauté française ?

Les musulmans de France ont déjà le sentiment d'être ostracisés. L'immense majorité d'entre eux n'est pas concernée par le voile intégral, qui ne touche, rappelons-le, qu'une infime partie de la population – une partie négligeable, mais bien loin d'être négligée. Les musulmanes non voilées demeurent musulmanes. Qui oserait dire le contraire ? Une apparence vestimentaire ne saurait représenter notre foi.

LA RELIGION DU RASSEMBLEMENT

De nos contradictions naissent nos forces. Accepter sa propre histoire, même douloureuse, rend moins aigri. Une société volontairement amnésique a déjà sombré dans la panique. La vérité nous apaise, malgré les soubresauts qu'elle peut provoquer. Nous devons apprendre à dire la vérité.

Le mot « colonisation », par exemple, ne devrait plus nous rendre hystériques. Les crimes de la colonisation sont aujourd'hui avérés et il ne faut plus s'opposer à cette vérité historique qui a plongé les sociétés post-coloniales dans des logiques répressives empêchant ainsi l'épanouissement personnel et social. Les tueries perpétrées durant la colonisation ne sont pas les seuls crimes que nous devons examiner. La privation de liberté dont souffrent les sociétés anciennement colonisées est un crime tout aussi néfaste. Privées de liberté, certains peuples n'ont pas appris la notion de responsabilité, celle d'assumer les conséquences de ses propres égarements.

La liberté est la plus belle de nos valeurs, car elle nous aide à nous réaliser en tant que personne. On en reconnaît la valeur lorsqu'on en est dépossédé. Les crises qui empêchent l'épanouissement de certaines sociétés ne sont pas uniquement économiques. Nous faisons face à une carence de valeurs dans ces sociétés qui peinent à s'épanouir en raison de leur incapacité à se tourner vers l'avenir et s'agrippent indéfiniment à l'idée d'une dette coloniale que l'ancien colonisateur doit rembourser. Cette « compatibilité du passé » a créé une caste qui s'est investie dans le marketing des rancunes coloniales pour installer son pouvoir un peu partout en Afrique, notamment. Pendant que les malentendus s'accumulent, des générations de migrants et d'enfants de migrants peinent à suivre l'évolution du monde moderne. Alors, est né un sentiment de rejet mutuel. Aujourd'hui, on assiste au développement d'un discours haineux et au rejet des musulmans, parce qu'ils représenteraient une menace contre les valeurs françaises.

Comment peut-on imaginer un seul instant qu'un musulman est une créature singulière qui ne rêve pas d'amour, de justice et de paix ? N'avez-vous donc jamais rencontré un musulman honnête capable de loyauté ? Osez dire que l'honnêteté n'est pas une valeur de l'islam ! Discutez avec le premier musulman venu et il vous parlera avec respect et considération. Il y a de fortes chances pour qu'il vous réserve un traitement bienveillant semblable au vôtre, sinon plus. C'est le Coran qui le lui recommande : « Quand une salutation courtoise vous est adressée, saluez d'une façon encore plus polie, ou bien rendez simplement le salut. Dieu tient compte de tout » (sourate 4, verset 86). Un musulman apprend très tôt à accorder aux autres de la considération en raison de la valeur qu'il leur reconnaît.

Tout comme le musulman apprend que le mensonge est un horrible péché, il apprend également que la vérité est synonyme d'honnêteté et de salut. Point de salut dans la tromperie, ni dans l'hypocrisie et la trahison. « Malheur aux fraudeurs », dit le premier verset de la sourate 83 intitulée « Les fraudeurs ». Nos sociétés humaines ont besoin de ces millions de femmes et d'hommes qui croient en un message divin qui leur dicte l'équité, l'intégrité et la loyauté, indépendamment de la couleur de leur peau ou de leur condition sociale et économique. Une société ainsi construite favorise l'émergence de femmes et d'hommes réunis par un sentiment de dignité commune et aptes à transmettre cette valeur. Cette forme supérieure de coexistence est notre meilleure protection. La confiance est notre meilleure arme contre les plans de déstabilisation qui nous visent.

J'observe les régimes politiques douteux qui s'agitent dans notre environnement et me dis qu'ils ont toutes les raisons de nous envier notre mode de vie, surtout notre laïcité. Ce pur produit français réunit dans une même communauté nationale des populations diverses au nom d'une justice garante d'un équilibre entre l'intérêt individuel et celui de la société. Ne sommes-nous pas devant la définition même de l'universel ? Une belle aventure a conduit la France à traverser des siècles durant lesquels la recherche d'une société épanouie n'a jamais cessé. Malgré les grands égarements qui ont ponctué cette histoire et les atteintes à la dignité de certains peuples, la bonté humaine a repris le dessus et nous réapprenons à devenir meilleurs. Nous nous réapproprions nos propres valeurs et en créons de nouvelles comme le respect des minorités. La minorité musulmane en Occident devrait saisir cette opportunité historique qui s'offre à elle à travers la philosophie française. C'est celle-ci qui a conduit Emmanuel Lévinas à décréter que l'éthique est la philosophie première, car elle trouve sa source dans la responsabilité pour autrui. J'appelle mes coreligionnaires à relire le hadith de notre glorieux prophète qui a dit un jour : « Le sourire fait à ton frère est une aumône. »

La modernité et la fraternité humaine font la France d'aujourd'hui. Les musulmans vivent dans ce pays forts d'une religion porteuse de valeurs compatibles avec celles de la République. Il faut lire et faire lire ce verset : « Nulle contrainte en religion » (sourate 2, verset 256). En islam, la liberté humaine est, spirituellement parlant, axiale, puisque aucune instance cléricale ne peut interférer dans le rapport direct de l'homme à Dieu. L'homme jouit d'un espace intérieur sur lequel personne ne peut empiéter. En langage moderne, on appelle cela la liberté de conscience. Chaque individu exerce pour lui, et à sa mesure propre, un magistère comparable, *mutatis mutandis*, à celui qui donne autorité au pape sur les catholiques. Louis Massignon qualifiait à cet égard l'islam de « théocratie égalitaire et laïque ». Nombre de versets nient toute coercition en matière religieuse, versets dont le prophète est le récipiendaire : « Dis : La vérité vient de votre Seigneur ; y croira qui voudra et la reniera qui voudra » (sourate 18, verset 29) ou encore : « Si ton Seigneur l'avait voulu, tous les habitants de la Terre sans exception auraient cru ; voudrais-tu contraindre les gens à devenir croyants ? » (Sourate 11, verset 118.) Liberté de conscience. Liberté de conscience. Liberté de conscience.

Que vaut la liberté de conscience sans une liberté d'opinion ? L'histoire de l'islam est riche en événements durant lesquels des personnages de premier rang ont mis en évidence ce droit fondamental, y compris sur des questions qui concernaient le divin. Il y a eu des débats d'une rare intensité et d'une rare violence aussi. La philosophie s'en trouvait enrichie par de nouvelles audaces intellectuelles. Ces esprits-là ne s'interdisaient rien, même quand planaient des menaces de mort. En 737, le gouverneur de l'Irak actuel prit la parole dans une mosquée le jour de l'Aïd Al-Adha et appela les musulmans à sacrifier leurs agneaux comme le veut la tradition. Un penseur audacieux le dérangeait avec ses idées contestataires. Il s'appelait Al-Jaad Ibn Dirham. Soudain, le gouverneur l'attaqua dans son prêche et annonça qu'il allait le sacrifier comme un agneau, ce qu'il fit devant des fidèles médusés. Il égorgea Al-Jaad Ibn Dirham devant eux. Cet intellectuel était connu pour sa ferveur envers Dieu et remettait en question les interprétations humaines du divin. Il est mort d'avoir pensé, victime donc d'un délit d'opinion. Ces crimes ont créé des traumatismes mais inspiré aussi les coupeurs de têtes pensantes.

La liberté d'opinion est la mère de toutes les libertés et elle se manifeste dans l'expression libre des opinions personnelles avec tous les moyens d'aujourd'hui : de l'écriture au discours oral, à la production artistique et à la communication numérique. Elle est cet aspect des libertés sociales qui dépasse l'individu pour comprendre d'autres sujets, par exemple à travers la formation de partis et d'associations de la société civile. Elle inclut aussi la liberté de la presse, de l'information radiophonique, télévisée et numérique et la liberté de s'informer. Il est cependant de notre devoir d'insister sur le respect des religions et de leurs rites en raison de leur importance pour le tissu national et la sécurité publique. Personne n'a le droit de fomenter des tensions confessionnelles ou des fanatismes sectaires au nom de la liberté d'expression.

La liberté d'opinion et d'expression est la véritable manifestation de la démocratie ; elle invite à éduquer les jeunes générations à la culture de la diversité et au respect des autres. Ceux qui agissent dans le domaine du discours religieux, culturel et politique doivent rappeler les traditions culturelles de la pensée islamique tolérante. Les plus grands champions de l'effort interprétatif affirmaient : « L'avis est une opinion juste qui pourrait être erronée ; l'avis différent du mien est une opinion erronée qui pourrait être juste. » Cela étant dit, il n'existe pas de moyen de protéger la liberté d'opinion sinon à travers la confrontation entre les preuves et les contre-preuves selon les procédures du dialogue et les habitudes propres aux sociétés civilisées. La société française en est une.

La France est une chance pour l'islam, car elle possède un dispositif intellectuel solide et ancien. La critique de l'islam dans ce pays devrait réjouir les musulmans, elle leur apprend à mieux comprendre leur propre religion pour mieux l'expliquer. Une bonne pédagogie passe d'abord par la connaissance de nos propres faiblesses. Remettre la liberté d'opinion au centre des discussions sur notre religion est, à mon avis, l'un des chemins les plus courts menant à une prise de conscience collective. Le refus du débat est une preuve de faiblesse. Sommes-nous faibles ? Lorsque nous comprendrons que la critique de l'islam n'affaiblit en rien notre foi, commencera alors une nouvelle étape vers un possible progrès. Il faut rappeler qu'une opinion critique n'est pas toujours une opinion hostile. Parfois, la recherche de la vérité commence par le doute et l'interrogation. Ne nous offensons donc pas à la moindre controverse, adhérons à cette culture du débat ; c'est un des plus beaux acquis universels.

Le caractère universel de la religion musulmane n'est plus à prouver, mais il faut tout de même rappeler quelques principes annoncés dans le Coran : « À Allah seul appartiennent l'Est et l'Ouest. Où que vous vous tourniez, là est la face de Dieu » (sourate 2, verset 115). Autrement dit, tout ce qui se trouve dans l'univers est un signe divin et a un sens. C'est ce qu'induit encore le verset 148 de la même sourate : « Il y a pour chacun une direction vers laquelle il se tourne. Cherchez plutôt à vous surpasser les uns les autres dans les bonnes actions. » Cela étant présenté, le Coran rappelle le respect des différences, ce qui rend l'expression « vivre-ensemble » quelque peu galvaudée. En effet, « Si ton Seigneur l'avait voulu, Il aurait fait des hommes une communauté unique, mais ils ont encore des différends, sauf ceux auxquels ton Seigneur fait miséricorde. C'est même pour cela qu'Il les a créés » (sourate 11, verset 118).

Être musulman implique de reconnaître l'authenticité de toutes les religions révélées avant l'islam. Le

Coran est explicite sur cet héritage : « Dites : Nous croyons en Dieu, à ce qui a été révélé à Abraham, à Ismaël, à Isaac, à Jacob et aux tribus ; à ce qui a été donné à Moïse et à Jésus ; à ce qui a été donné aux prophètes, de la part de leur Seigneur. Nous n'avons de préférence pour aucun d'entre eux ; nous sommes soumis à Dieu » (sourate 2, verset 136). Le Coran mentionne vingt-sept prophètes précisant que « pour toute communauté il y a un envoyé ». Ces principes ont consolidé les premières bases de la société musulmane naissante, quand le prophète décida d'installer sa première communauté à Yathrib qui deviendra Médine. C'était un territoire habité par différentes tribus dont certaines étaient juives et païennes.

Attardons-nous un peu sur cette séquence. Quand le prophète de l'islam et ses adeptes arrivèrent à Yathrib, les tribus qui y vivaient se livraient une guerre interminable. Il réussit à instaurer une paix durable entre les Arabes de la région qui adhérèrent à son message. Il donna à Yatrib le nom de Médine qui devint le siège de son nouvel État. Comment a-t-il pu arrêter cette guerre qui lui était antérieure ? Qu'a-t-il pu dire à ces gens-là pour calmer leurs ardeurs et remettre de l'ordre dans cette région déstabilisée par les conflits ? Il n'a pas seulement mis fin aux combats. Il a fait des membres de ces tribus la première communauté exemplaire d'hospitalité et d'ouverture sur les autres. Il les appela les *Ansar* que l'on pourrait traduire par « protecteurs » si l'on se mettait dans le contexte de l'époque. Les « autres » étaient ses compagnons venus avec lui de La Mecque, fuyant la persécution. Il les baptisa les *Muhajirun* ou migrants. En résumé, les habitants d'un territoire arabe vivaient une guerre depuis plus d'un siècle. Soudain, ils déclarèrent la paix avec l'arrivée du nouveau prophète et accueillirent ses adeptes dans leurs propres maisons !

En vérité, le prophète avait déjà établi des contacts avec des personnalités originaires de Yathrib de passage à La Mecque. Il en avait fait les ambassadeurs de sa cause, alors qu'il faisait face à une impitoyable répression de la part des chefs quraïsh. À cinq cents kilomètres au nord de La Mecque, des humanistes épuisés par une guerre civile de plus d'un siècle préparaient déjà l'opinion publique à accueillir un nouveau message de paix en provenance du sud. Toutes les conditions étaient réunies pour recevoir des hommes et des femmes porteurs d'espoir et dirigés par un homme dont la réputation allait faire de cette ville un modèle inégalable de solidarité. Mohamed arriva au sein d'une société locale qui avait expérimenté les affres de la discorde. Parmi les habitants de Yathrib, il y avait des tribus juives. Il leur donna toutes les assurances de la citoyenneté, la propriété et la liberté de culte. Trois tribus juives décidèrent de se dissocier de sa religion : les Nadir, les Qurayza et les Qaynuqa.

Comme dans toute communauté humaine, il a fallu composer avec les aléas de la vie des individus et de la société dans sa globalité. Rappelons que Médine est un nouvel État au sens moderne du terme et qu'elle a besoin d'une armée, d'une économie et d'un code pour organiser la société. Il est important d'examiner la vie de ces premiers musulmans afin de comprendre une dimension capitale dont nous avons déjà parlé : le contexte. La première des réformes nous conduit tout droit vers cette contextualisation. La *sahifa* demeurera l'une des inventions juridiques les plus emblématiques de l'histoire de l'humanité, puisqu'elle donnait à cette communauté la base essentielle à sa solidité : une Constitution. C'est la Constitution de Médine, celle qui devint la première loi dans laquelle un musulman se devait de donner sa vie pour protéger son voisin juif au nom de la défense commune. Elle fixait les droits des non-musulmans et les obligations qui leur incombaient. L'humanité n'avait encore jamais connu pareille évolution, bien au contraire ! Cette nouvelle constitution mettait un terme aux règlements de comptes sanglants pratiqués dans la résolution des litiges. La compensation pour le sang versé. Cette solution mit fin à des vengeances ravageuses qui déchiraient les sociétés d'antan. Alors que nous n'arrivons pas encore à nous mettre d'accord, nous les humains du XXIe siècle, sur la peine capitale, le prophète décrétait déjà que pour tout individu commettant un homicide, sa tribu se chargeait de récolter les fonds nécessaires pour une compensation pécuniaire appelée *diyya* : le prix du sang.

Dans l'oasis de Khaybar, à plus d'une centaine de kilomètres de Médine, vivaient des juifs dans une situation de non-droit comme on le dirait aujourd'hui. L'État considéra que ces habitants vivaient une forme de séparatisme et conquit l'oasis. Quand les juifs de Khaybar capitulèrent, le prophète leur accorda le droit de demeurer dans l'oasis et de cultiver la terre à condition de remettre aux musulmans une partie de la production.

Plusieurs récits témoignent en outre de la proximité entre le prophète et les juifs. Ainsi, un jour, il se leva au passage d'un cortège funéraire juif. Ses compagnons, étonnés, lui demandèrent pourquoi. « Par respect, répondit-il, car il s'agit d'une âme. » De la même manière, il demandait toujours à sa femme de ne pas oublier la part de son voisin juif lors des repas préparés à l'occasion des fêtes.

Qu'en est-il des chrétiens ? Le cas des chrétiens de Najran est révélateur à plus d'un titre et il contredit aujourd'hui tous les actes antichrétiens commis au nom de l'islam. Remettons-nous dans le contexte expansionniste du nouvel État de droit qui vient mettre de l'ordre dans une région chaotique. Najran était une oasis près de la frontière qui sépare aujourd'hui l'Arabie saoudite et le Yémen. Les chrétiens de Najran étaient sous influence byzantine, sachant que Byzance était alors la puissance la plus imposante dans la région en plus des Sassanides perses. Les habitants de cette région étaient surtout soudés par une mémoire collective et le souvenir d'un massacre, celui perpétré au VIe siècle par le roi juif d'Himyar et cité dans la sourate 85. Le prophète de l'islam signa avec les habitants de ce territoire un accord en 631 qui les autorisa à gérer leurs propres affaires contre un impôt et l'aide aux musulmans en cas de guerre. Il n'y eut aucune injonction à se convertir à l'islam. Il est aujourd'hui avéré que des chrétiens ont pu prier et pratiquer leur foi dans la mosquée du prophète lors des premiers contacts avec les musulmans.

Une délégation de moines du monastère Sainte-Catherine, en Égypte, se rendit auprès du prophète pour lui demander sa protection. Il laissa ce texte que nous pourrons retrouver dans des sources chrétiennes aussi : « Ceci est un message de Muhammed Ibn Abdoullah, constituant une alliance avec ceux dont la religion est le christianisme ; que nous soyons proches ou éloignés, nous sommes avec eux. Moi-même, les auxiliaires (de Médine) et mes fidèles, nous nous portons à leur défense, car les chrétiens sont mes citoyens. » Nous lisons aujourd'hui ce texte et nous nous demandons ce que lisent les extrémistes quand ils égorgent un prêtre dans son église. Pardon pour cette maladresse que j'ai commise ici. Non, les extrémistes ne lisent pas. Les écrits ne les intéressent pas. Ils puisent leur haine dans autre chose que le message dont ils se réclament. Comment ne pas poser un regard respectueux sur les églises quand on découvre ou redécouvre ces textes fondateurs de la diplomatie religieuse première ? Poursuivons donc notre lecture : « Et par Dieu, je résisterai contre quoi que ce soit qui les contrarie. Nulle contrainte sur eux, à aucun moment. Leurs juges ne seront point démis de leurs fonctions ni leurs moines expulsés de leurs monastères. Nul ne doit jamais détruire un édifice religieux leur appartenant, ni l'endommager ni en voler quoi que ce soit pour ensuite l'apporter chez les musulmans. »

Quelques siècles plus tard, en France, des déclarations toxiques viennent balayer dans des vidéos médiocres toute cette tradition fraternelle. En 2022, on continue à se demander si les musulmans peuvent fêter la nouvelle année. Certains musulmans se permettent même de rejeter la formule « bonne année », parce qu'elle serait contraire à leur religion. C'est affligeant. Bien évidemment que la réponse est affirmative. Il s'agit de partager un moment de joie et de bonheur. Cette fraternité humaine ne peut être remise en cause. Il s'agit pour les musulmans de partager des valeurs humaines avec leurs concitoyens sans remettre en cause leur foi. Cela n'est en rien participer à la pratique d'un autre culte.

Les premiers musulmans devaient se battre pour les chrétiens en cas de guerre. Tels étaient les préceptes de leur prophète. Le nouveau message s'est vite répandu sur un terrain favorable à son expansion. L'humanité attendait ce nouveau message et ses répercussions politiques et sociales. Après la mort du prophète en 632, vint le temps des califes. Son compagnon et beau-père Abou Bakr As-Siddiq régna deux ans sur les musulmans. Après la mort de celui-ci, vint Omar Ibn Al-Khattab, dit le Juste. De 634 à 644, Omar marqua l'histoire de l'islam par une gestion des plus exemplaires en matière de justice sociale. Fort de ces enseignements que nous intégrerons facilement aujourd'hui dans le chapitre des droits de l'homme, le calife Omar arriva à Jérusalem qui était alors sous domination byzantine. La fragilité des Byzantins lui facilita l'accès à la ville. Il signa avec les chrétiens un pacte dans lequel il garantissait la sauvegarde de leurs vies, de leurs biens, de leurs églises. Il accorda aux juifs l'autorisation de pratiquer leur religion librement dans la ville, alors qu'ils avaient subi moins de dix ans auparavant un massacre de la part des Byzantins.

Ainsi du verset 48 de la cinquième sourate : « À chacun de vous, Nous avons accordé une loi et une voie. Si Dieu l'avait voulu, Il aurait fait de vous une seule communauté, mais Il a voulu vous éprouver par le don qu'Il vous a fait. Cherchez à vous surpasser les uns les autres dans les œuvres de bien. Votre retour à tous se fera vers Dieu ; Il vous éclairera, alors, au sujet de vos différends. »

L'universalisme de la Révélation a été confirmé par le prophète : « Nous autres, prophètes, sommes tous les fils d'une même famille ; notre religion est unique. » Il en découlait chez lui un respect foncier des autres croyants monothéistes : « Quiconque fait du mal à un chrétien ou à un juif sera mon ennemi le jour du Jugement », rapporte-t-on aussi de lui, ou encore : « Je témoignerai au jour du Jugement contre celui qui aura maltraité ou commis une injustice envers un citoyen non musulman. »

« Certes, ceux qui croient, juifs, chrétiens et sabéens, quiconque croit en Dieu et au Jour dernier et pratique le bien : tous auront leur récompense auprès de leur Seigneur, ils ne connaîtront ni crainte ni affliction. » La même « circonstance de la Révélation » est parfois invoquée à propos du verset 69 de la cinquième sourate : « Ceux qui ont la foi, juifs, chrétiens, sabéens, tous ceux qui croient en Dieu et au Jour dernier et font le bien ne connaîtront ni la peur ni l'affliction. » Les versets 111-112 de la deuxième sourate donnent au salut une plus large perspective encore : « Les gens du Livre ont dit : “N'entreront au paradis que les juifs ou les chrétiens”, exprimant ainsi leurs désirs. Dis-leur d'en donner la preuve s'ils sont sincères. En vérité, quiconque soumet sa face à Dieu en faisant montre de vertu trouvera sa récompense auprès de son Seigneur, et il ne connaîtra ni peur ni affliction. » L'expression « soumettre sa face à Dieu » ne définit aucune confession particulière ; elle décrit une attitude religieuse universelle.

Des versets qualifient la Torah et l'Évangile de « guidance » et de « lumière ». Les exégètes les plus restrictifs ne pouvaient que conclure à la diversité des voies menant au salut. Des auteurs musulmans contemporains en tirent même l'indication que l'individu peut choisir la voie vers Dieu qui lui paraît la plus propice. Quid alors de deux versets clés sur lesquels se fondent les musulmans exclusivistes, c'est-à-dire ceux qui veulent exclure les croyants non musulmans du salut sans prendre en compte le contexte de leur révélation ?

Les plus proches compagnons du prophète qui ont compris mieux que quiconque ses préceptes et son esprit protecteur envers les populations acquises à son pouvoir ont accordé une large autonomie aux non-musulmans. Je prends ici le risque de la redondance et je rappelle que l'islam est arrivé dans un contexte de dégradation très avancée des rapports sociaux, marqué notamment par l'esclavage érigé en culture sociale et économique ordinaire. Durant le règne d'Omar, l'Égypte est gouvernée par Amr Ibn Al-Aas. Le fils de celui-ci a participé avec un garçon copte à une course de chevaux. Fort du pouvoir de son père, l'enfant musulman a frappé et humilié l'autre enfant. Le père de ce dernier a alors décidé de se rendre à Médine pour se plaindre auprès du calife Omar. Quand celui-ci s'est rendu compte de l'injustice commise, il a convoqué le gouverneur, responsable selon lui des faits, pour lui asséner cette admonestation restée célèbre : « Quand avez-vous réduit en esclavage les gens, alors que leurs mères les ont mis au monde libres ? »

La vie de l'esclave est protégée (sourate 2, verset 178). Le Coran proscrit la prostitution des servantes (sourate 24, verset 33). De nombreux versets encouragent l'affranchissement des esclaves. Le Coran, dans son contexte marqué par une pratique esclavagiste quasi ordinaire, prévoyait aussi que des aumônes soient affectées à cet effet. Les bons musulmans étaient ceux qui achetaient la liberté des hommes et des femmes réduits en esclaves.

Légalement, les relations entre l'État musulman et les communautés non musulmanes auxquelles le premier accordait sa tolérance et sa protection étaient régies par un pacte appelé la *dhimma*. Cet outil fiscal était au service d'une justice sociale dont profitaient les non-musulmans qui ne pouvaient verser le sang dans l'effort de guerre. En cas de conflit, le non-musulman ne combattait pas contre son gré. Nul enrôlement sous la contrainte. La mobilisation se faisait aussi sur une base matérielle et c'est ainsi que les musulmans pratiquaient la *jizya*. Cet impôt relevait d'un système communautaire dans lequel chaque individu était reconnu comme membre de la communauté. L'appartenance à cette communauté lui donnait des droits et le soumettait à des devoirs. Les *fuqaha* (docteurs de la loi) ont travaillé sur cette question en s'appuyant sur des textes coraniques et des propos et faits du prophète Mohamed.

Que ces textes aient été dévoyés à des fins politiques ou pour conquérir plus de territoires est un autre sujet qui mérite néanmoins une sérieuse exploration afin d'épargner aux savants des siècles passés l'offense ô combien facile et les assimiler à de simples scribouillards au service des princes. Cette dérive a dépossédé certains termes de leur réelle définition. Charia ? Ce devait être synonyme du chemin qu'il faut suivre. Quelques siècles et quelques guerres plus tard, elle est devenue cette loi islamique rigoureuse qui permet de couper des têtes ou d'infliger des mutilations corporelles. Non ! Malgré de véritables pressions politiques et malgré les intimidations, les menaces de déchéance et de privation, voire d'atteinte à leur intégrité physique, des savants ont continué à interpréter le Coran et la tradition prophétique en toute impartialité. C'est cette honnêteté intellectuelle qui a traversé les siècles qui nous permet aujourd'hui de mener une vie intellectuelle apaisée et permettra, peut-être, de reprendre la voie de la réforme. Celle-ci a un autre nom : *ijtihad.* C'est un effort de compréhension et d'interprétation des textes pour les adapter à chaque époque. La nôtre, celle d'un XXIe siècle globalisant, continue pourtant à souffrir de nos clivages et nos frontières qui sont autant de lignes de fracture. Tout le progrès réalisé nous incite à plus d'ouverture et de partage, mais la peur de « l'étranger » est coriace. Je le constate tous les jours. Toutes ces inquiétudes auraient transformé la vie du recteur que je suis en cauchemars si je ne croyais pas que l'espoir peut nous rendre meilleurs. Partager cet espoir est aussi ma vocation de recteur de la Grande Mosquée de Paris.

QU'EST-CE QU'UN RECTEUR ?

La Grande Mosquée de Paris, c'est d'abord un grand rendez-vous hebdomadaire durant lequel des musulmans viennent prier collectivement et s'orientent tous vers la qibla, la direction de La Mecque. J'ai vu des fidèles liés à ce rendez-vous par une ferveur qu'aucune autre ne saurait égaler en intensité. Dans un alignement parfait, les gestes synchronisés par une discipline qui nous parvient d'une source lumineuse interne, nous sommes tous soumis au même désir de nous affranchir de nos égoïsmes. La prosternation efface nos frontières sociales et nous rappelle le caractère éphémère de nos conquêtes matérielles. Le front est collé au sol, mais l'âme flotte dans une dimension céleste que nous visitons à chacun de ces merveilleux rendez-vous. Le reste de la semaine, la grande salle reste ouverte aux cinq prières, tandis que j'observe avec un étonnement sans cesse renouvelé les déambulations des visiteurs de tous âges et de toutes origines. J'observe surtout leur démarche décontractée et la délicatesse de leurs gestes. Ce lieu élégant inspire la quiétude. Il apaise. Il m'apaise. Que dire du jardin ? Une belle Andalousie en plein cœur de Paris. Une vision du paradis. Une projection du sublime.

Le 16 février 1917, précisément, la Société des Aoukafs des deux Villes Saintes est enregistrée à la mahkama du cadi d'Alger, c'est-à-dire le tribunal des affaires musulmanes, sous le numéro 232. Le but est d'acquérir deux immeubles, l'un à La Mecque et l'autre à Médine, sous le régime de *aoukaf* (biens de mainmorte) au profit des pèlerins nécessiteux ayant besoin d'asile qui viennent d'Afrique septentrionale, c'est-à-dire du Maroc, de l'Algérie et de Tunisie et aussi de ceux qui viennent d'Afrique occidentale. Cette association est présidée par Kaddour ben Ghabrit qui sera par la suite responsable de la construction de la Grande Mosquée de Paris et son premier recteur. Son but est exclusivement cultuel, et il percevra des fonds de l'État pour acquérir les biens et les gérer, car la loi de 1905 ne s'appliquait pas dans les départements d'Algérie. Le 24 décembre 1921, cette association deviendra la Société des habous et des lieux saints de l'islam ayant pour but la création d'une mosquée et d'un institut musulman à Paris.

Il s'agit donc d'une association régie par la loi du 1er juillet 1901. Son président est élu par le bureau de cette association. Selon l'article 6 des statuts, il est « … de plein droit recteur de l'Institut musulman de la Mosquée de Paris ». L'article 4 indique que l'association « est constituée par des membres actifs qui se réunissent sur convocation du président à la date fixée par lui, au moins une fois par an, en assemblée générale et extraordinairement, lorsque les circonstances l'exigent ».

C'est du fait de la création de l'Institut musulman en même temps de la construction de la mosquée que le titre de « recteur » a été choisi. Depuis, des responsables de nombreuses mosquées sans institut de formation s'octroient le titre de recteur. Avant moi, il y a eu six présidents de la société des habous et des lieux saints de l'islam et recteurs :

- Kaddour ben Ghabrit (1926-1954)
- Ahmed ben Ghabrit (1954-1957)
- Hamza Boubakeur (1957-1982)
- Abbas Bencheikh (1982-1989)
- Tedjini Haddam (1989-1992)
- Dalil Boubakeur (1992-2020)

En parcourant les archives de la Grande Mosquée de Paris, je m'aperçois que tous les recteurs ont, chacun à leur époque, vécu des moments extrêmement difficiles. Le doute les a souvent guidés dans l'exercice de leurs fonctions. À ma première rencontre avec le président de la République, il m'avoua que le poste de recteur était de son avis « un des plus difficiles de la République ».

Je tiens à remercier Dalil Boubakeur et les membres de la Société des habous et des lieux saints de l'islam pour la confiance qu'ils ont placée en moi. Dès l'annonce de sa démission, mon prédécesseur a voulu soutenir ma candidature et les adhérents de l'association m'ont immédiatement élu, à l'unanimité. Des détracteurs, qui ont très vite été identifiés, se sont empressés de me perturber. Je ne vais pas m'étaler sur cette succession, car elle s'est organisée dans les conditions normales liées au fonctionnement d'une institution de droit privé. Je ne vais pas, non plus, faire le jeu des polémistes et des calomniateurs et rabaisser ce que doit être la qualité du débat public, mais je dois tordre le cou, en quelques phrases, à des rumeurs qui ont été distillées. Je n'avais pas voulu m'exprimer sur ces sujets, estimant que la communauté nationale et les musulmans de France méritaient mieux que des sornettes. Cependant, je dois reconnaître l'existence d'une forme de mépris qui ne pouvait envisager une succession à la tête de la Grande Mosquée de Paris que sous la forme d'un « coup de force », ce qui rappelle des clichés affligeants sur une population jugée mineure à vie. En somme, j'aurais eu recours à des subterfuges juridiques, des pressions, une malice, voire un procédé contestable, sinon l'ensemble, pour accéder indûment à cette fonction.

Le récit factuel est pourtant bien plus simple. Dès l'année 2019, de façon réitérée, mon prédécesseur m'a fait part d'un état de santé et d'une fatigue qui ne lui permettaient plus d'assurer son apostolat avec la verve qui le caractérisait. Je sentais qu'il voulait me sonder et constater par lui-même si j'accepterais d'assumer la tâche. « Je ne vois personne d'autre que vous, mon cher maître », m'avait-il murmuré à plusieurs reprises. Je répondais en souriant, car si la mission pouvait m'intéresser, je lui avais maintes fois répété que je souhaiterais que cet éventuel passage de flambeau se fasse dans un cadre consensuel, évidemment dans le strict respect des textes de l'association. Je ne suis ni un adepte ni un partisan des petites magouilles.

Dalil Boubakeur m'avait permis d'entrevoir une possible transmission de témoin, tellement de fois, souvent sous le ton de la plaisanterie, que je ne savais plus s'il était véritablement sérieux, si sa décision était vraiment prise ou pas et surtout, je n'avais aucune idée de son agenda. En décembre 2019, après des examens médicaux, il m'avait lancé quelques messages qui pouvaient laisser présager une accélération du processus. C'est un homme qui n'aime pas qu'on décide à sa place ou que quiconque lui force la main. Après réflexion, je lui avais dit que je me tenais à sa disposition s'il voulait véritablement s'éloigner et si cela devenait irrévocable et si aucun autre candidat crédible et légitime ne se manifestait clairement. Ces deux critères, je le précise ici, émanent selon moi de l'implication dans un travail effectif en faveur des musulmans et de leur cohabitation pacifique avec la communauté nationale.

Pour mieux cerner l'état d'esprit de Dalil Boubakeur, je dévoilerai une anecdote qui s'est déroulée le matin même de mon élection au poste de recteur. Il a pour habitude depuis que je suis l'avocat de la Société des habous et des lieux saints de l'islam d'échanger en tête à tête avec moi une heure avant la tenue de l'assemblée générale ordinaire qui se tient annuellement. Nous passons en revue les différents points de l'ordre du jour et entrons ensemble dans la salle où se tient la réunion. Ce samedi 9 janvier 2021, Dalil Boubakeur m'interroge sur les différents points à examiner par l'assemblée générale. Il ajoute qu'à son avis il n'y a aucune question particulière et que ce sera une réunion qui ne soulèvera pas de problème. Puis, il aborde le sujet de son élection la semaine d'après à la tête du Conseil français du culte musulman (CFCM), puisque c'est bien lui qui est candidat. Je confirme également ce point, en sachant qu'il avait quelques jours auparavant convoqué les membres de la Fédération nationale de la Grande Mosquée de Paris la semaine du 19 janvier pour leur donner les orientations nécessaires pour l'élaboration du nouveau bureau du CFCM.

La Grande Mosquée de Paris est une institution sérieuse. L'ancien recteur Dalil Boubakeur a bien mûri son projet. Le mot n'est pas de trop. Sa retraite était une idée arrivée à maturation et il n'a rien laissé au hasard. Les premiers indices de son départ sont apparus quelques mois plus tôt. Je me suis senti visé par une intention bienveillante plus intense que d'habitude. Son regard envers moi, sa façon de me consulter, ses murmures et tout ce qu'il entreprenait nous préparaient à accueillir la nouvelle de la manière la plus gracieuse. Il semblait pourtant serein, comme si sa décision avait été prise et qu'il patientait en guettant les bonnes occasions pour avancer pas à pas. L'une d'entre elles s'est présentée avec la visite de l'ancien ministre de l'Intérieur à l'occasion de la célébration de l'armistice de novembre 2019. Ce jour-là, Dalil Boubakeur, visiblement très fatigué, marchait difficilement aux côtés de Christophe Castaner. Après le recueillement protocolaire, tenant à être à ses côtés durant son discours, il a commencé à le lire d'une voix monocorde. Après avoir lu les premiers paragraphes, il s'est arrêté en me regardant. Dans une posture mémorable, il a déclaré avec des mots à peine audibles qu'il préférait se reposer et m'a tendu ses feuillets en me demandant de poursuivre la lecture. Il s'est assis péniblement, se reposant avec les deux mains sur sa canne. Je l'ai fait. J'ai fini le discours et la rencontre s'est achevée par le départ du ministre. Dans un tête-à-tête inoubliable, Dalil Boubakeur m'a alors glissé : « Nous avons réussi notre passation devant le ministre. » En montant dans son véhicule pour rentrer chez lui, il a souri et a murmuré à son plus proche collaborateur de l'époque : « Je suis en excellente santé. »

Ceux qui côtoient ce personnage reconnaîtront son caractère solennel et sa finesse d'esprit dans les moments décisifs. J'ignore à quel moment il a commencé à envisager sa retraite, mais je sais que c'était réfléchi. C'est au moment où il suggérait aux membres de la Société des habous et des lieux saints de l'islam de me choisir comme le nouveau recteur que j'ai compris qu'il avait mis en œuvre son retrait devant le ministre de l'Intérieur.

Le 11 janvier 2020 donc, à la fin d'une assemblée générale ordinaire, prévue dans les délais légaux durant lesquels nous avions traité d'un ordre du jour routinier, au moment où nous abordions le point « divers », Dalil Boubakeur nous lança : « Chers amis, je dois vous dire que j'ai fait ce que j'ai pu pour cette mosquée, en mon âme et conscience », amorçant ainsi une sorte de bilan moral, à l'issue duquel il dira : « J'ai décidé qu'il était temps pour moi de prendre ma retraite. » Il a estimé qu'il devait se diriger vers de nouveaux horizons pour des « raisons personnelles ». En sa qualité de président de séance, Dalil Boubakeur, tout en affirmant qu'il souhaitait me voir assurer sa succession, moi, vice-président de la Société des habous et des lieux saints de l'islam, mit cette résolution au vote. J'ai été élu à l'unanimité des présents. Les membres de la Société des habous et des lieux saints de l'islam qui étaient également membres de la Fédération nationale de la Grande Mosquée de Paris, réunis la semaine après mon élection ont publié une motion de soutien inconditionnel au nouveau recteur de la Grande Mosquée de Paris. Voilà les faits ! Il n'y a eu ni « coup de force », ni « coup d'État », ni aucune descente de malabars intimidants du côté de la place du Puits-de-l'Ermite.

Dans le brouhaha véhiculé notamment par certains chemins boueux d'Internet, il a été dit que mon élection, comme recteur, aurait déplu aux autorités françaises et algériennes. Quelle étrange idée ! Dès le samedi 11 janvier 2020, des représentants des deux pays m'ont félicité, au plus haut niveau. L'ambassadeur d'Algérie m'a reçu au siège de l'ambassade, rue de Lisbonne, en présence de Dalil Boubakeur pour remercier mon prédécesseur et me féliciter chaleureusement. J'ai été reçu par le président algérien Abdelmadjid Tebboune et, à mon retour d'Alger, par le ministre de l'Intérieur Christophe Castaner. Très rapidement, j'ai noué, dans le cadre de nos relations de travail, des rapports fondés sur la confiance, avec les deux chefs d'État mais également avec les ministres algériens des Affaires religieuses et des Affaires étrangères et les deux ministres français de l'Intérieur qui se sont succédé depuis ma prise de fonction. Cela pour souligner à quel point certains journalistes et certains commentateurs, nourris parfois par l'ignorance du réel, d'autres fois par des « sources » malveillantes, peuvent se laisser aller, plus qu'à des approximations, à des contre-vérités. Ce qui est ennuyeux – c'est un euphémisme – lorsqu'on est censé avoir une mission, non pas de désinformation, mais d'information.

Ceux qui ont distillé une propagande mensongère espérant me discréditer, voire me déstabiliser, je les connais. Il y a d'abord côté algérien les « affairistes ». En l'occurrence ceux qui voient dans la place que j'occupe une prétendue aubaine pour réaliser toutes sortes de magouilles politiques ou financières. Une ancienne personnalité algérienne qui, je l'apprendrai par la suite, briguait la fonction avait, sous le sceau de la confidence, annoncé à un de ses proches : « Normalement, je vais être nommé à un poste très important », laissant son vis-à-vis deviner. Ce dernier l'interrogea : « Ambassadeur ? » Il rétorqua : « Non, mieux. » « Ministre ? » L'ambitieux répondit en montrant les dents : « Non mieux. » Circonspect et cherchant à assouvir sa curiosité, son interlocuteur renchérit : « Premier ministre ? » Levant enfin le suspense, le prétentiard arriviste lança : « Non ! Mieux : recteur de la Grande Mosquée de Paris. »

La chose peut paraître drôle. C'est pourtant l'amère vérité. L'institution que j'ai l'immense honneur de diriger aujourd'hui nourrit quelques fantasmes. Ce n'est guère la mission elle-même qui intéresse, mais les bénéfices imaginaires que certains souhaiteraient en tirer. La catégorie des affairistes qui viendrait, non pas pour servir, mais pour se servir, est malheureusement une triste réalité. De ce point de vue, le départ prévisible de Dalil

Boubakeur était perçu, dans certains milieux algérois qui gravitent autour du pouvoir politique, comme une opportunité. Dès son installation au poste de recteur en 1992, Dalil Boubakeur a également fait l'objet de manœuvres malsaines et blâmables pour tenter de le faire partir. Durant tout son mandat, les coups bas étaient permanents, mais il n'en tenait pas compte.

Mon élection a représenté pour eux une immense frustration et probablement une sorte de « manque à gagner » qu'ils ont voulu compenser par une série de chausse-trapes placées ici et là. Il y a ensuite, à Paris, la catégorie des mégalomanes qui se croient en capacité d'être à la tête, non pas d'une institution musulmane, mais de l'islam de France. Privilégiant les procès en illégitimité, ils ont oublié que la Grande Mosquée de Paris ne s'hérite pas. Elle se mérite, lorsqu'on a agi, en son âme et conscience, et de manière désintéressée pour la servir. Si Dalil Boubakeur fut recteur, ce n'est pas parce qu'il est le fils de Hamza Boubakeur, mais grâce à son investissement, alors qu'il était médecin, auprès de son père pour gérer ce prestigieux lieu de culte. Et s'il a passé près de trois décennies à sa tête, c'est parce qu'il avait accepté de la servir probablement durant les pires années de son histoire au moment où l'Algérie notamment vivait des heures sombres de terrorisme et de violence. Il a assumé cette fonction, avec son lot de menaces de mort proférées par les tueurs du Groupe islamique armé, de projets d'attentats fomentés par le

Groupe salafiste pour la prédication et le combat et les campagnes de diabolisation et d'excommunication lancées, tour à tour, par Al-Qaïda et par Daesh.

L'islam et mon expérience auprès des musulmans m'ont appris le sens du mot humilité. Notre prophète reçut un jour un homme qui tremblait de peur devant lui. Il lui dit alors : « N'aie pas peur. Je ne suis pas un roi. Je suis le fils d'une femme qui mangeait de la viande séchée. » Comprenez : une femme de condition modeste. L'islam, c'est l'exemplarité par la proximité. Pouvoir exprimer un point de vue de représentant d'une des fédérations de musulmans en France est un privilège en soi. Je ne conçois ma mission ni comme représentant des musulmans de France, ni comme leur porte-parole. Ce serait leur faire offense. Le titre de « représentant du culte musulman » est une facilité de langage, un raccourci emprunté par tous ceux qui n'ont aucune envie de mieux connaître la fonction. Je ne suis pas théologien et je ne suis pas de ceux qui s'attribuent des profils étincelants pour entretenir une image d'érudit. J'ai exercé mon métier d'avocat avec passion et sérieux. J'ai servi la Grande Mosquée de Paris avec abnégation durant plus de vingt ans. Ce sont ces deux décennies qui m'ont permis de comprendre, en premier lieu, les nuances de l'islam de France, d'identifier les différents acteurs et de saisir les attentes de la communauté musulmane et de la société et enfin de cerner les différents enjeux.

Je veux tout de même rappeler, par respect aux fidèles, que la première année que j'ai passée à la tête de la Grande Mosquée de Paris me renseigne quant à mon engagement et au sérieux de ma démarche.

Quoi qu'on puisse en penser et en dire, mon approche est claire : je compte maintenir cette prestigieuse institution religieuse dans la continuité des traditions et des valeurs qu'elle a toujours défendues. Il s'agit pour moi de m'inscrire dans un islam apaisé et éclairé dans la droite ligne de ce que m'ont enseigné mes parents, eux-mêmes imprégnés de cet islam algérien que des lectures extrémistes et politiques ont relégué au second plan.

Né Algérien, de confession musulmane et citoyen français, mon identité est républicaine. Comme cette mosquée que j'ai l'immense honneur de diriger désormais. De mes racines algériennes et de l'éducation religieuse transmise par mes parents, j'ai appris le sens du devoir et de l'éthique. Ma foi islamique et ma culture algérienne m'ont inculqué la bienveillance, la loyauté et le refus de l'hypocrisie. Plus tard, mon métier d'avocat, une vocation, m'a permis de consolider la droiture et l'esprit de justice. Des valeurs dans lesquelles je baigne depuis ma plus tendre enfance. Et enfin, alors que j'étais déjà adulte, les principes républicains sont venus, sans mal, s'imbriquer dans cet ensemble et m'ont amené à affermir mon attachement pour la liberté, qui est à mes yeux, le cœur de la France moderne.

C'est probablement ce qui constitue, avec l'air que l'on respire, l'élément central de notre existence. Jean-Paul Sartre disait que « l'homme est condamné à être libre ». En décortiquant cette phrase, loin d'être une simple citation, l'on s'aperçoit que cette valeur s'étend dans chaque espace de notre vie.

Le sujet peut paraître épineux notamment lorsqu'on occupe une fonction liée au culte, car les religions sont toujours soupçonnées, dans les sociétés sécularisées, de brimer les libertés et d'être un frein à celles-ci. Souvent, on objecte au principe de liberté, le déterminisme. En islam, le destin (*al-qadar*) et la destinée (*al-qada'*) font partie des six axiomes de la foi et les sachants considèrent qu'on ne peut pas être musulman si l'on croit au destin. Cela étant dit, les mêmes précisent que la notion de destin ne s'oppose aucunement à celle du « libre arbitre ». La raison en est simple : le destin concerne l'avenir de l'être humain et ainsi sa trajectoire, mais in fine, à chaque instant, toute personne, dotée de discernement et de conscience, est susceptible, grâce au libre arbitre, de modifier son destin. Cette question est fondamentale, hormis pour les littéralistes, car elle place de facto, la valeur « liberté » au centre de la vie du croyant et s'oppose au déterminisme. Lors de son avènement au VIIe siècle, l'islam a libéré, au sens propre et au sens figuré, l'esclave de ses chaînes et a changé de la sorte le destin de tous ceux qui étaient réduits à l'asservissement. Encore fallait-il accepter cette nouvelle donne et fournir l'effort individuel pour sortir de sa condition. L'exemple de Bilal Ibn Rabah, le premier des muezzins en est l'illustration la plus éloquente. Un déterminisme social voulait que ce métis, né esclave, d'un père arabe et d'une mère noire, au service d'un des plus importants notables de La Mecque, reste captif durant toute son existence. Il changea sa trajectoire en décidant de devenir l'un des premiers adeptes de l'islam et ainsi l'un des premiers compagnons du prophète, non sans prendre tous les risques et de subir la torture. C'est son libre arbitre qui lui a permis de gagner son affranchissement au sens large.

C'était là un exemple – j'aurais pu en citer beaucoup d'autres – qui montre qu'en islam, la liberté n'est en aucun cas une valeur contraire à la foi. À chaque instant, l'homme est apte à prendre soin de sa santé (ou pas) et donc se préserver de maladies qui pourraient l'emprisonner dans un corps affaibli et ainsi l'amener à être l'otage de celui-ci. Car nous demeurons totalement libres, en effet, que si notre organisme n'est pas affecté d'une pathologie incurable, sinon nous deviendrons les prisonniers impuissants d'une masse qui nous enfermerait et limiterait in fine notre émancipation.

Cette liberté qui consacre le pouvoir de réaliser ses choix est un principe qui a guidé mon parcours et structuré ma pensée, car je suis persuadé d'avoir compris cette notion. J'ai saisi très tôt, en voyant mes aînés et mes parents s'engager pour l'indépendance de l'Algérie, que notre existence n'est pas une trajectoire linéaire, que nous devons, à chaque étape de celle-ci, prendre des décisions et faire des choix. C'est grâce à eux que le début de ma vie, durant les années 1950, sur les hauteurs d'Alger, avec comme toile de fond une indescriptible violence et une société qui se déchire, m'a mené, six décennies plus tard, à être recteur de la Grande Mosquée de Paris et à avoir un engagement qui vise à permettre aux musulmans de France une cohabitation pacifique et harmonieuse avec leurs compatriotes.

Mon engagement repose essentiellement sur cet aspect. J'aurais pu choisir la facilité, esquiver les problèmes de notre époque et faire semblant de ne pas voir les difficultés qui nous entourent : les sujets liés à la perte de repères, la radicalisation, le racisme et le rejet de l'islam et des musulmans qui ne cessent d'empirer. J'aurais pu aussi accepter, telle une fatalité, cet islam politique qui dévoie tant le message originel de ma religion et répéter inlassablement, comme le font d'autres représentants de l'islam de France : « Non cela n'a rien à voir avec l'islam. » Ma liberté a été, tout au long de mon existence, de choisir et d'assumer mes responsabilités. J'ai voulu être avocat, j'ai choisi de devenir citoyen français et j'ai choisi, quand la proposition m'a été faite, de devenir recteur de la Grande Mosquée de Paris. Il aurait été tellement plus confortable de prendre ma retraite après trente-cinq ans passés au barreau.

Avocat, même si certains ne retiennent que mon rôle de conseil pour l'institution que j'ai l'honneur de diriger aujourd'hui, c'est surtout une mission qui m'a amené à défendre des causes et à essayer d'atténuer des souffrances. Je me souviens encore des larmes du père de Sohane Benziane, jeune fille de 17 ans brûlée vive, le 4 octobre 2002, à Vitry-sur-Seine. Une affaire qui avait déjà révélé le sexisme, la misogynie et surtout la violence et la barbarie qui traversent parfois certains quartiers populaires. M'engager alors, avec mon confrère et ami Francis Szpiner, dans une histoire emblématique qui avait suscité l'émoi dans l'opinion publique était une évidence.

Devenir citoyen français, totalement intégré dans la République, quand on vient d'Algérie et lorsqu'on est issu d'un environnement qui a fait du patriotisme – au sens noble du terme – une ligne de conduite, peut paraître paradoxal. Je souligne préalablement que contrairement à certains milieux excessifs, sinon extrémistes, je n'associe pas, loin de là, l'amour d'une patrie à la haine de la différence. Le patriotisme, en effet, n'a jamais été un synonyme de xénophobie. Bien au contraire. On peut aimer sa patrie au point de considérer qu'elle peut s'enrichir de diversité et d'apports, aussi différents soient-ils. Le patriotisme ne se conjugue pas non plus au singulier. L'attachement que l'on a pour une mère biologique ne se substitue pas et ne se hiérarchise pas avec celui qu'on pourrait éventuellement avoir pour une mère adoptive. Il y a des choses qui ne se comparent pas forcément. Je suis attaché à l'Algérie et à la France. Simultanément. Comme je fus attaché à mes deux parents et comme je suis attaché à mes trois enfants. Je peux aimer, admirer, et respecter deux, voire trois amis. Chacun pour sa personnalité, pour ses qualités et pour ses valeurs. Je pense que les choses sont identiques – elles doivent l'être – lorsqu'on est binational. Il ne s'agit pas de dire si je préfère la France à l'Algérie, ou inversement. Ce serait ridicule. Je suis attaché à ces deux pays, de façon différente et pour des raisons parfois complémentaires. Chacune des deux nations m'a apporté ce que l'autre ne pouvait pas me donner. Et j'essaye, en même temps, de rendre à chacune ce qui est dans mon pouvoir de restituer. Étant donné que j'ai ce privilège d'occuper aujourd'hui un poste qui m'engage, je veux, fort modestement, servir de trait d'union, de pont, entre deux sociétés, deux pays, deux cultures et enfin deux communautés qui partagent une histoire, un espace géographique, des citoyens et des intérêts. Chez moi, l'Algérie et la France ne sont pas en concurrence. Encore moins en guerre. Ma mémoire est complètement apaisée. Certainement pas instrumentalisée pour laisser libre cours à des ressentiments. L'histoire appartient aux historiens. Il leur incombe de la travailler, de la comprendre et de l'analyser. La mienne s'inscrit dans une trajectoire. Je sais d'où je viens. Je sais où je suis. Et je sais où je veux aller. Je suis ainsi totalement engagé, à partir de mes fonctions, pour entretenir des ponts et en construire d'autres entre les deux pays et les deux sociétés. Le modeste rôle qui est le mien consiste à participer à pacifier les relations et à les intensifier dans le cadre de mon périmètre et je me suis fait la promesse solennelle pour que l'islam ne soit, en aucune manière, un sujet de discorde entre l'Algérie et la France. De ce point de vue, je serai toujours un partenaire fidèle et loyal pour tous ceux, des deux côtés de la Méditerranée, qui œuvrent pour la fraternité et l'amitié entre les peuples.

En tant que recteur de la Grande Mosquée de Paris, j'ai tenu, dès mes premiers pas, à inscrire ma démarche dans une nouvelle dynamique qui se veut innovante et volontariste empreinte de clarté et de sincérité. J'évoquais brièvement plus haut mon attachement à la liberté. Chez Baruch Spinoza, celle-ci ne va pas de soi, elle ne coule pas de source. Elle s'exprime comme un idéal qui n'est pas pour autant impossible à atteindre. Selon le philosophe néerlandais, afin d'atteindre la liberté, l'être humain doit nécessairement se déterminer lui-même à agir et à penser. Il doit, pour ce faire, convoquer la raison et la rationalité et décider ainsi de ce qui est bon et de ce qui est utile. Dans ce sillage, il serait intéressant de souligner que la jurisprudence islamique préconise une approche quasi similaire. Avant de prendre des décisions, il convient en effet d'évaluer ses conséquences, ses bienfaits (*maslaha*) comme les éventuels méfaits (*mafsada*) qui pourraient en découler. Qui peut prétendre que la philosophie est contraire à l'islam ?

Il est question d'abord d'enseigner la religion et de refuser son dévoiement et sa déperdition. Il faut refuser son instrumentalisation à des fins autres que celles auxquelles elle est destinée, car l'islam ne saurait être un fonds de commerce. Dans la continuité, il convient de veiller à la « protection de la vie », c'est-à-dire de la personne physique. Cette vie, que Dieu a rendue sacrée, ne doit en aucun cas subir d'atteintes. Vient ensuite la « protection de la raison », en d'autres termes de l'intelligence, source de toute innovation et de toute évolution humaine. Par la suite, il est question de la « protection des biens matériels » qui assure le cadre à l'épanouissement, mais aussi la « protection de la filiation ». Comprendre par-là, dans les deux cas, les biens et la filiation de la collectivité et non pas ses propres enfants seulement. Et enfin, assurer la « protection de la dignité des personnes ». C'est là, de manière abrégée, les fondements éthiques de la religion musulmane. Ils posent le débat au sujet de la compatibilité entre l'islam et la société moderne, sécularisée, laïque et démocratique. Bien malin celui, croyant ou pas, qui peut, de façon argumentée et rationnelle, nous faire la démonstration d'une prétendue incompatibilité entre cette religion et son environnement français.

Mon engagement est, par conséquent, intimement lié à toutes ces incompréhensions, ces malentendus, voire souvent ces manipulations qui visent à éloigner les musulmans du contexte dans lequel ils vivent et de leur époque. Je crois que c'est le même Spinoza – je ne retrouve plus la citation exacte – qui disait que la raison doit déterminer l'action, car dans son cas, celle-ci réduit la soumission aux passions, appelées *chahawets* dans la théologie islamique.

C'est donc en partant de tous ces principes que s'inscrit le nécessaire engagement que j'ai voulu intégrer au centre de ma démarche en tant que recteur de la Grande Mosquée de Paris, et ce, dès ma prise de fonction.

Les organisations qui représentent l'islam de France doivent agir, car la situation est grave. Je ne suis pas connu pour faire de l'alarmisme et je n'ai pas le tempérament du boute-en-train. Je suis plutôt une personne réfléchie qui aime convoquer la raison avant de dire les choses. Si j'affirme que le contexte est plus qu'inquiétant, l'explication est simple : j'observe une évolution de l'islam politique qui me rappelle l'Algérie des années 1980, avant l'explosion qui allait déstabiliser le pays au cours de la décennie suivante. Cela ne veut pas dire que nous aurions atteint, en France, l'irrémédiable mais, pour autant, la situation à laquelle nous faisons face et que je vais décrire plus avant exige de nous une mobilisation et un total engagement.

C'est ce qui m'avait poussé, au lendemain de son discours des Mureaux du 2 octobre 2020, à dire au président de la République, les yeux dans les yeux, parce qu'il est homme à apprécier la clarté et la franchise : « Si votre action est sincère et si vos propos ne servent pas une politique politicienne et des fins strictement électoralistes, je vous soutiendrai face au problème séparatiste. » J'ai eu l'impression qu'Emmanuel Macron comprenait réellement ce qu'est le danger islamiste. Il a pris des initiatives osées mais salutaires dans la lutte contre l'islamisme.

IMAMS : UNE ÉLITE MÉCONNUE

Imam en arabe signifie « celui qui est placé devant », c'est-à-dire celui qui conduit la prière rituelle à la mosquée. La fonction de l'imam est conférée à un homme reconnu par la communauté pour ses compétences et son niveau d'études en matière religieuse. Il a plusieurs fonctions en plus de la prière. Il peut assurer l'enseignement de la langue arabe. À l'inverse du prêtre, l'imam ne recueille pas les confidences des fidèles. Il prodigue des conseils moraux et spirituels sans jamais parler au nom de Dieu. Il n'est pas un intermédiaire entre le fidèle et le Créateur. C'est ainsi qu'un imam sunnite œuvre. Quant aux chiites, rares en France, ils confèrent à cette fonction un niveau spirituel, symbolique et autoritaire plus élevé que celui des croyants ordinaires.

Jusqu'en 1995, il y avait une quarantaine d'imams algériens en France. En 2005, le séjour, la durée et le statut de l'imam détaché ont été réglementés par les administrations française et algérienne : l'imam détaché algérien exerçait son office en France durant quatre ans sous la tutelle de la Grande Mosquée de Paris. Cent vingt imams algériens exercent aujourd'hui en France.

En raison de la loi de 1905, la notion d'imam n'apparaît pas en droit français en tant que telle, contrairement au statut d'aumônier. Très peu d'imams se consacrent exclusivement à une fonction spirituelle à temps plein au service d'une mosquée en France. À l'exception des imams détachés, ils doivent subvenir à leurs besoins et ceux de leur famille en exerçant une activité professionnelle en dehors de la mosquée. Il est cependant possible d'être rémunéré par une association qui gère un lieu de culte, à condition de lui assurer une couverture par les assurances.

Pour répondre aux attentes des pouvoirs publics, soucieux d'organiser le culte musulman, le statut de l'imam devient urgent à définir. En 1994, la Grande Mosquée de Paris a créé un institut de formation des imams et des aumôniers : l'Institut Al-Ghazali. Il propose un enseignement de l'islam et des cultures de l'islam principalement destiné à la formation supérieure des imams et des aumôniers musulmans. Sa mission est de former des femmes et des hommes avertis et compétents, parfaitement capables d'encadrer la vie spirituelle des musulmans au sein de la société française, en accord avec ses valeurs et avec les temps présents. À mon arrivée, j'ai fait en sorte que l'Institut possède des annexes, aux Mureaux (Yvelines), à Lille, à Istres, à Marseille et à Rive-de-Gier (Loire). L'Institut réunit l'acquisition de connaissances religieuses solides et l'apprentissage des fonctions de l'imam sur le terrain. Le parcours est assuré par une équipe renouvelée d'enseignants spécialisés dans les différentes matières du programme et engagés à dispenser un enseignement et un accompagnement de haute qualité.

La formation est conçue pour que les diplômés aient la perspective très concrète de pouvoir offrir leurs services aux mosquées de France. En fin de cursus, l'étudiant peut bénéficier d'une formation spécialisée d'aumônier en milieu hospitalier, militaire ou pénitentiaire.

À travers le programme de l'Institut j'essaie, non sans peine, de fournir aux étudiants un accès à un savoir scientifique originel et moderne basé sur des connaissances islamiques respectant l'équilibre et la modération, conformément aux préceptes coraniques, tenant compte de la dimension humaine et favorisant la culture de la tolérance et du vivre-ensemble.

La formation dure trois ans. Chaque année compte vingt-six semaines académiques, réparties sur trois trimestres. Et au terme de chaque trimestre, l'étudiant est évalué dans toutes les disciplines enseignées. De même que les stages pratiques en deuxième et troisième année font aussi l'objet d'une évaluation. Elle est prise en compte pour l'obtention du diplôme de fin d'études. Les matières enseignées sont classées en deux types : les permanentes (principales), qui sont au nombre de cinq, dispensées tout au long des trois années de la période de formation ; et les matières transitoires (variables), au nombre de quatorze et qui sont enseignées seulement pendant une ou deux années durant le cycle.

L'Institut Al-Ghazali étant une association de droit privé, ceux qui s'inscrivent pour suivre le cursus que je leur propose ne disposent pas de statut d'étudiant. Ils ne bénéficient d'aucune protection sociale, ni d'aucune aide. Il n'existe pas de perspective de carrière pour les imams ni de statut particulier. Il est difficile, dans ce cas, d'encourager de telles vocations. Qui aujourd'hui parmi notre jeunesse souhaite s'engager dans cette voie jonchée de problèmes, de contraintes et offrant très peu de satisfactions ? Fraîchement diplômé, ce nouvel imam pourrait ne pas être embauché, les mosquées de France n'ayant pas les capacités financières de le recruter. Les débouchés professionnels sont peu nombreux.

80 % des mosquées de France ont été construites grâce aux dons des fidèles. Ainsi, du point de vue du patrimoine immobilier, la communauté musulmane est incontestablement le bon élève de la laïcité : les musulmans ont constitué des associations, et trouvé des financements, dans le respect parfait de l'article 2 de la loi de 1905. Elles n'ont bénéficié ni du trans-

fert de propriété de bâtiments publics ni de l'affectation gratuite des bâtiments publics comme pour le culte catholique. Les financements étatiques étrangers – Algérie, Maroc, Turquie et pays du Golfe – portent en général sur des projets d'envergure mais ponctuels, et transitent par des voies officielles. Pour ce qui est de l'Algérie, le financement des associations et lieux de culte musulmans en France est indirect, puisqu'il s'effectue dans le cadre d'un accord entre une commission des affaires religieuses en Algérie et la Grande Mosquée de Paris. Si cette dernière bénéficie aujourd'hui d'une aide financière de l'Algérie, elle répond à une demande réelle et a été obtenue en 1981 grâce à l'obstination de l'un de mes illustres prédécesseurs, Hamza Boubakeur, qui au lendemain de l'indépendance de l'Algérie s'est retrouvé coupé de tout financement pour assurer les charges de la Grande Mosquée. En effet, en 1957, à son arrivée comme recteur les statuts de la Grande Mosquée de Paris étaient enregistrés à la *mahkama* (tribunal coutumier) malékite d'Alger qui bénéficiait d'un financement de l'État. C'était la volonté des pouvoirs publics de l'époque qui ont décidé cet enregistrement à Alger, département français qui n'était pas soumis à la loi de séparation de 1905. Ainsi les cultes et leur personnel y étaient financés par l'État. En effet, l'article 43 de la loi du 9 décembre 1905 ne se prononçait pas sur la situation en Algérie et dans les colonies, invitant le gouvernement à déterminer les conditions d'application dans ces territoires. Pour la première, la question a été réglée par le décret du 27 septembre 1907, qui rendait en pratique les dispositions clés de la loi inapplicables.

Avec l'indépendance algérienne, la Grande Mosquée de Paris se retrouvait sous le régime de la loi de 1905 et de ce fait aucune aide de l'État ne pouvait plus être envisagée. Hamza Boubakeur a réussi, après des années de tentatives infructueuses, à mettre autour de la table les représentants des deux États, algérien et français, pour convenir d'une forme de financement de l'Algérie au bénéfice de la Grande Mosquée de Paris.

Nombre de versets nient toute coercition en matière religieuse, versets dont le prophète est le récipiendaire : « Dis : La vérité vient de votre Seigneur ; y croira qui voudra et la reniera qui voudra », ou encore : « Si ton Seigneur l'avait voulu, tous les habitants de la Terre sans exception auraient cru ; voudrais-tu contraindre les gens à devenir croyants ? »

Je suis convaincu que l'apport de la France permettra de concilier les préceptes coraniques avec le monde moderne pour arriver à une rencontre harmonieuse et lumineuse. Soyons précis. Il s'agit de procéder au renouvellement de la pensée islamique, renouer avec les grandes vertus de l'islam, de permettre une pensée novatrice. C'est ce que l'on nomme en arabe *tajdid* « renouvellement ». Ne pas tenter de s'immiscer dans le dogme islamique, ce qui serait une atteinte insupportable à l'essence même de l'islam, mais puiser au plus profond de l'islam pour faire converger ses principes avec ceux des sociétés modernes actuelles.

Libérer les principes islamiques du carcan islamiste rigide et qui a dévoyé l'islam authentique sera en effet possible en France, et ce pour les raisons suivantes. D'abord, la situation actuelle des pays musulmans ne permet malheureusement pas de relancer les travaux de la Nahda, commencée au cours du XIXe siècle. Le monde musulman est dans une période de transition et vit une crise importante qui s'aggrave de jour en jour. Un conservatisme paralysant et une orthodoxie maladive réduisent à néant toute tentative intellectuelle. De ce fait, la refonte du discours religieux n'est guère envisageable. Les mécanismes des sociétés musulmanes sont en panne. Elles ont perdu leur souffle. Le génie musulman n'est plus. Le rôle social de la religion qui insufflait dans ces pays une note d'optimisme a chamboulé la donne en laissant libre cours aux faux dévots qui ont contraint la société à se recroqueviller sur elle-même.

Je ne désespère pas qu'un jour, dans les pays arabo-musulmans, l'on puisse voir émerger de nouveaux penseurs. Je suis même certain de cet élan salvateur qui introduira ces pays dans une ère moderne, débarrassés des séquelles des régimes colonialistes et des oripeaux islamistes qui, ensemble, ont fait tant de mal.

L'islam a pu se développer en France, où deux mille cinq cents lieux de culte existent. La première mosquée française a été édifiée en 1916, à Vincennes, en annexe de l'hôpital soignant les soldats musulmans blessés. Elle a été fermée après la guerre et le départ des militaires, en 1919. Des imams officient et des associations ont vu le jour, sans contraintes et sans frein.

Il est utile de rappeler que la loi de « séparation des Églises et de l'État » du 9 décembre 1905 ne permet en aucun cas à l'État de s'ingérer dans la gestion et l'administration des cultes. Au contraire, il doit respecter leur libre exercice. Ce fut le cas pour les musulmans, même s'il existe une certaine proximité avec le ministère de l'Intérieur chargé des relations avec les cultes, à l'instar des responsables des autres cultes.

La laïcité prône la neutralité de l'État d'une part et invite d'autre part les membres de la communauté nationale à s'adapter à la multiplicité des spiritualités présentes en son sein, sans favoriser un culte par rapport aux autres.

Ce principe qui garantit l'égalité de tous les Français et de ceux résidant sur son territoire, conjugué à l'État de droit respectueux des individus, permet aux fidèles d'une religion de vivre leur foi sans les contraintes extérieures liées trop souvent au corps social.

Ce cadre offre une possibilité de réflexion critique de l'islam contemporain, d'interprétation des sources coraniques et de pratique rituelle aux musulmans. Ensuite, les outils et matériaux conceptuels qui existent au sein des universités et centres de recherche peuvent faciliter ce travail de réflexion.

Pour réussir ce tour de force, les intellectuels français devraient mettre un terme à ces préjugés défavorables sur l'islam et les musulmans qui existent depuis plusieurs siècles et faire l'effort de dépasser les antagonismes entre Occident et islam, de ne plus regarder les citoyens de confession musulmane sous le prisme de la colonisation. Ces intellectuels non musulmans pourraient, aux côtés de leurs alter ego de confession musulmane, permettre ce renouveau tant attendu, sans s'ingérer dans notre dogme, et en évitant de refouler la culture et de rejeter systématiquement l'apport de la civilisation islamique.

Pour vivre en harmonie, toutes les forces vives de la société doivent participer à la composition d'une nouvelle physionomie de l'islam. La France deviendrait ainsi un centre intellectuel à la disposition de la pensée musulmane moderne.

L'Occident ne doit plus être considéré comme hostile à l'islam. Le célèbre islamologue Mohammed Arkoun déclarait : « L'Occident n'est pas plus l'incarnation du démon matérialiste, immoral et athée, que l'islam n'est réductible au fondamentalisme intégriste, terreau du terrorisme et incompatible avec la démocratie et la modernité ».

Le terrorisme est alimenté par une idéologie qui a un nom : l'islamisme. L'islamisme n'est pas l'islam. Car l'islamisme n'est pas une religion, mais une idéologie politique qui amène, notamment, de jeunes gens à croire que l'islam serait une religion de guerre qui les inciterait à tuer leur prochain et à se donner la mort à eux-mêmes. Elle pousse aussi certains de nos compatriotes, dans une logique de facilité, de xénophobie ou de racisme, à croire que derrière chaque musulman, il y aurait un criminel en puissance. Une religion ne doit, en aucun cas, sinon auprès des partisans des lectures simplistes, générer de la brutalité. La vocation de l'islam est de relier les gens entre eux, pas de les séparer. Il ne doit plus nous suffire de célébrer le culte, de guider la prière et de gérer nos mosquées seulement. Il faudrait, dans une démarche moderne, assumer toutes nos responsabilités avec, en premier lieu, la prévention de la radicalisation et la préservation de l'image de l'islam et de la dignité des musulmans. Cela passe par un combat acharné contre toute forme d'ignorance. Croire qu'un homme qui se prosterne devant son créateur au moins cinq fois par jour est un radicalisé serait le pire des amalgames. Même intense, la pratique religieuse seule n'est pas un signe de radicalisation. Gardons-nous de jeter l'opprobre sur les croyants dévoués en les assimilant à de dangereux extrémistes. Quand un musulman décide de s'imposer la prière ou le jeûne, il le fait pour lui-même. Cette pratique ne regarde personne d'autre que lui.

Il m'arrive parfois de me joindre à des fidèles après la prière afin de réciter collectivement des sourates du Coran. Au-delà de cette pratique surérogatoire, la proximité avec les fidèles dans ce moment de ferveur est une dimension spirituelle supplémentaire qu'il m'appartient de poursuivre ou d'interrompre sans en rendre compte à qui que ce soit. C'est ainsi que tout musulman devrait vivre son islam : en toute liberté. S'il est important d'agir afin d'ériger des habitudes islamiques compatibles avec les lois et les usages de la République, il faut aussi amener les représentants de cette même République, et par prolongement les citoyens, à ne pas jeter la suspicion sur tout musulman souhaitant respecter sereinement les préceptes de sa religion. Dans le respect des règles de l'État de droit, il convient de redonner, en toutes circonstances, sa force à la loi, si une contradiction venait à s'installer entre cette dernière et la foi.

Comment avancer sereinement ? Il faut d'abord reconnaître que l'introduction de l'islamisme en Europe et de manière générale dans le monde occidental est une plaie pour les musulmans qui souhaitent vivre leur foi paisiblement, sans propagande politique et sans prosélytisme archaïque. Il faut repenser cette présence musulmane en Europe et ne pas laisser s'infiltrer ces pensées nocives qui sont dangereuses en premier lieu pour les musulmans qui rejettent toute instrumentalisation de leur rite. Il est temps de se débarrasser de ce fléau venu gangrener nos sociétés.

Observons les pays musulmans englués dans cet islamisme nocif. Le centre de gravité de l'islam authentique s'est éloigné de la sphère arabo-musulmane pour s'implanter en Asie. Malheureusement, les pays musulmans de ce continent n'ont pas été à la hauteur de ce renouveau islamique, et l'Afghanistan et le Pakistan ont accentué l'essor de l'idéologie extrêmiste. Pourtant, de cet espace géographique, nous avons eu à connaître des idées réformatrices de Djamal-eddine al-Afghani et de Mohamed Iqbal.

Je regrette Mohamed Arkoun. Si cet homme était à mes côtés aujourd'hui, nous aurions accéléré le parachèvement de la grande œuvre dont beaucoup d'entre nous rêvent : la réforme. Que voulons-nous réformer ? L'islam est-il réformable ? Qu'entendons-nous par le terme « réforme » ?

Nous ne pouvons pas faire l'économie d'un examen historique de l'évolution des autres religions, notamment le christianisme. Lorsque celui-ci devenait illisible ou incompréhensible aux yeux de ses propres adeptes, il a entrepris sa propre mutation. Le protestantisme est né de cette recherche d'harmonie entre le terrestre et le céleste.

Il y a chez les musulmans une tendance qui insiste sur l'impuissance de l'homme comme point de départ de la réflexion théologique. Un autre courant, surtout chez les sunnites, ôte tout privilège divin aux hommes de Dieu tels que les imams. Enfin, il y a ceux qui vivent leur foi dans leur propre État sans aucune connexion avec aucun autre État musulman. Tout cela nous rappelle étrangement les courants protestants qui se sont formés au gré des événements mais aussi des décisions politiques comme ce fut le cas en Angleterre lorsque le roi Henri VIII a décidé de se séparer de Rome au XVIe siècle pour devenir le chef de l'Église anglicane. Cette décision venait très probablement de son désir de changer d'épouse puisque Catherine d'Aragon ne pouvait pas lui donner d'héritier. C'est un des moments les plus significatifs de l'histoire religieuse européenne qui montre l'élasticité du religieux au service du politique. L'histoire des musulmans ne manque pas d'événements tout aussi révélateurs de cette « souplesse » du comportement religieux. Osons donc ce regard historique transversal et nous verrons que les musulmans peuvent trouver dans le calvinisme des inspirations fort utiles à leur émancipation et à un retour à la splendeur née de leur civilisation. Dans quelques décennies, l'évolution démographique fera de l'islam la première religion du monde. Dépêchons-nous de mettre à la disposition de nos petits-enfants une documentation utile à leur stabilité et à celle de la planète. Il faut que la France devienne un des centres les plus audacieux dans cet effort prospectif et plante les balises d'un futur dans lequel les musulmans vivent par et pour la paix, car telle est notre vocation. Nous sommes déjà perçus comme des musulmans d'Europe. Commençons à élaborer notre doctrine du dialogue avec les musulmans d'Afrique, d'Asie ou d'Amérique. Ainsi construite, cette doctrine nous immunise contre toute velléité de récupération par un pouvoir politique local. C'est déjà le cas. Les pays qui tentent de s'approprier une partie des musulmans de France se heurtent à une résistance naturelle. L'islam de France a développé son propre modèle. Il est inutile d'essayer de l'accaparer.

Certes, une frange de l'islam continuera de critiquer l'athéisme de l'Occident, sa conception de la démocratie et des droits de la femme ; mais ses populations les plus jeunes, les plus urbaines, les plus éduquées, d'abord instrumentalisées par les clergés religieux, ne tarderont pas à exiger la démocratie et à faire prévaloir des idéaux de justice et de fraternité d'ailleurs tout à fait conformes aux valeurs de l'islam. Comme le calvinisme, l'islam, sorti de sa gangue d'intolérance, retrouvera l'inspiration qui en fit l'une des civilisations fondatrices de la science, du raffinement et de l'élégance. Il deviendra un puissant moteur du développement mondial.

Des soldats musulmans sont morts alors qu'ils défendaient la France lors des deux guerres mondiales. L'ancien président François Hollande déclarait à ce titre en 2014 : « La France n'oubliera jamais le prix du sang versé. » C'est lui qui a inauguré le monument en mémoire des soldats musulmans dans l'enceinte de la Grande mosquée de Paris. Il a invité les descendants de ces soldats à demeurer « fiers de leurs parents et conscients que la République a une dette à leur égard ». Il est des dettes qui ne sont jamais payées. Mais les économistes diront qu'il y a plusieurs façons d'effacer les dettes.

LA POLITIQUE NUIT GRAVEMENT À L'ISLAM

L'islam est un culte, une éthique, une religion et une spiritualité. L'instrumentalisation de l'islam par des théoriciens qui ont voulu l'utiliser comme outil de prise de pouvoir a toujours engendré des situations graves, parfois dramatiques. Partout dans le monde musulman.

Des chercheurs, des spécialistes et des politologues, tous aussi sérieux les uns que les autres, ont fait le diagnostic publié dans plusieurs ouvrages au cours des dernières années. Ces contributions ont permis de tirer la sonnette d'alarme et corroborent indiscutablement des constats que je fais, depuis vingt ans, sur le terrain.

Depuis le début des années 1980, la France assiste à une montée évidente de l'islam politique qui accompagne un mouvement international qui a connu le même phénomène. Cet islamisme se décline à travers différents courants. Le résultat de plusieurs années de laxisme étatique est bien là. Et la Grande Mosquée de Paris, à travers la voix de mon prédécesseur, Dalil Boubakeur, n'a eu de cesse de tirer la sonnette d'alarme, et ce, depuis le début des années 1990. Personne ne peut le nier. La conséquence visible, palpable, se matérialise par ce qui est appelé désormais le « séparatisme », mais aussi par ses formes les plus dangereuses : la radicalisation et la violence terroriste.

Comment tout ceci s'est-il produit sans que nous puissions l'empêcher ? Au-delà de la difficulté d'agir sur les esprits afin de les protéger des influences néfastes, il y a une autre difficulté née du mélange des genres, si je puis me permettre. Au nom des intérêts, sans doute, mais surtout afin de ménager les susceptibilités de régimes aux idées incompatibles avec celles de la République, certains de nos responsables ont laissé l'islam de France aiguiser des appétits politiques étrangers. L'intrusion a pris plusieurs formes et dure depuis de longues années. La politique étrangère de la France a parfois servi d'alibi pour ignorer des pratiques incompatibles avec nos idéaux. Elles nous viennent d'un Moyen-Orient tourmenté et se sont dangereusement propagées en Occident sous le terme générique d'islamisme, sous couvert d'une identité musulmane retrouvée.

De la même manière, la politique a continué à abîmer notre relation avec l'islam en France quand le terrorisme frappait sans distinction la population algérienne dans les années 1990. Au lieu de le stopper et de freiner sa progression de ce côté-ci de la Méditerranée, certains responsables ont préféré ignorer la menace et régler leurs comptes avec l'Algérie. De la même manière, on a laissé s'exercer une autre influence étrangère au point de laisser le CFCM imploser sans jamais le secourir. Nous avons passé tant d'années à essayer de donner à cette structure le rôle qu'elle devait jouer dans l'organisation du culte musulman, mais elle a été aussi sacrifiée au nom d'une certaine conception des relations étrangères de la France. Un vrai gâchis. Il aurait fallu séparer l'amitié française avec un pays étranger de la gestion du culte musulman en France. Cette politisation a produit une confusion qui nous a causé beaucoup de torts. Il est temps aujourd'hui de créer une frontière étanche entre la politique étrangère de la France et le culte musulman en France. En favorisant des rapports stratégiques avec des pays étrangers, la France doit veiller à ce que ces mêmes pays ne puissent interférer dans la gestion des mosquées.

J'ai évoqué mon attachement apaisé à tout ce qui constitue mon identité et tout cela n'est en rien en opposition avec d'autres éléments de mon environnement. Or, je suis à la tête d'un lieu de culte. Le plus grand de la capitale et l'un des plus importants de France. C'est un lieu de prières ouvert qui reçoit les croyants pour les rites et tous les citoyens pour les visites et la découverte d'un espace de culture et d'histoire. Il est régi par une association type 1901 de droit français.

La mosquée est, par ailleurs, en partie financée par l'État algérien, à hauteur de près de 1,5 million d'euros par an (budget voté annuellement par l'Assemblée nationale algérienne). Le ministère algérien des Affaires religieuses met à notre disposition cent vingt imams détachés, qui viennent combler le déficit que nous subissons en France en la matière. Ses liens à la fois historiques, culturels et administratifs avec l'Algérie ne placent aucunement cette mosquée en dehors de la communauté nationale française et l'ensemble des musulmans. C'est un lieu ouvert à tous. Ce n'est d'ailleurs pas pour rien s'il est l'un des plus visités de la capitale.

D'un autre côté, mes relations avec tous les musulmans sont fraternelles. Elles ne se font pas en fonction de l'origine des uns et des autres, mais de leurs valeurs. Je ne peux avoir que des désaccords avec un musulman qui prône un islam belliqueux et de haine. La chose me paraît claire. C'est l'évidence, mais il est toujours utile, afin de lever les ambiguïtés et contredire les contrevérités, les approximations et les sous-entendus de rappeler tout ce qui précède.

J'ai évoqué plus haut mon engagement professionnel et mon attachement au droit. Ceux qui ne connaissent pas la réalité de ce métier, sa noblesse et ses subtilités ne peuvent pas comprendre. Oui, un avocat peut défendre tout le monde et toutes les causes.

La vie des nations est ponctuée de moments durant lesquels des femmes et des hommes se sont réunis, se sont parlé et ont scellé leurs rencontres par des documents qui leur donnent une dimension historique. Il en va de même pour les musulmans de France. J'ai l'intime conviction que la Charte des principes pour l'islam de France restera un document essentiel dans la compréhension et la gestion du culte musulman. Elle témoignera également d'un passage d'une époque à une autre. Cette charte ô combien indispensable est venue confirmer une réalité de plus en plus évidente : le Conseil français du culte musulman a fait son temps. La représentativité de l'islam de France prend une nouvelle direction. La représentativité doit évoluer vers de nouveaux paradigmes qui seront le fruit de nos expériences. Il faut savoir avouer ses erreurs pour avancer afin d'éviter l'implosion ou l'éclatement d'une instance qui ne sert plus à rien. Il y a quelques années, le sérieux républicain des musulmans se mesurait à leur compatibilité avec la démarche du CFCM. Ce n'est plus le cas. Aujourd'hui, on choisit son camp par rapport à la Charte. C'est ce document qui nous permet de placer l'imam au centre de toute notre réflexion commune et qui nous amène à proposer un « Conseil national des imams ». Les politiques s'empressent de le présenter comme un outil de lutte contre l'islam radical. Cette structure est censée délivrer un agrément aux futurs imams, en fonction de leurs connaissances religieuses et de leurs compétences pédagogiques.

Rappelons que le Conseil national des imams résulte d'une dynamique impulsée par la Charte des principes pour l'islam de France, et rien ne se fera en dehors de cette dernière. La Charte, adoptée et signée le 18 janvier 2021 à l'Élysée, devant le président de la République par les fédérations à l'origine du Conseil national des imams dont, une fois encore, Musulmans de France, s'engage, avec force et clarté, pour le rejet de l'islam politique de toutes les organisations islamistes telles que les Frères musulmans et contre les notions détestables qui constituent leur socle idéologique.

La première pierre de la Grande Mosquée de Paris a été posée il y a plus d'un siècle. Cette institution religieuse a été construite au cœur de la capitale dans ce magnifique cinquième arrondissement qui recèle tant de monuments chargés d'histoire. De la Sorbonne au Panthéon en passant par Notre-Dame de Paris, le Collège des Bernardins et les arènes de Lutèce, la Grande Mosquée de Paris a su trouver sa place, avec harmonie et intelligence, au milieu de tout ce qui constitue l'âme de la France.

Construite à la mémoire de soixante-dix mille de mes coreligionnaires, de toutes origines, qui ont versé leur sang pour la « mère patrie » durant la Première Guerre mondiale, elle existe donc par le sang versé et elle est devenue un haut lieu d'amitié et de fraternité entre la France et le monde musulman. C'est par conséquent dans la continuité de ce message que je me suis inscrit. J'ambitionne d'être – c'est ce que j'expliquerai – un trait d'union, un fil conducteur, entre nos fidèles et cette belle République.

La Grande Mosquée de Paris nous rappelle que des musulmans venus des quatre coins de l'Empire tombèrent pour la France. Sur les 180 000 tirailleurs algériens mobilisés, près de 40 000 perdirent la vie et sur les 90 000 Tunisiens et Marocains plus de 15 000 ne retournèrent jamais chez eux. À ces musulmans du Maghreb s'ajoutent aussi d'autres soldats musulmans issus des pays d'Afrique subsaharienne, notamment le Mali, le Sénégal, la Guinée, le Niger et beaucoup d'autres qui ont payé un lourd tribut. Ce sont toutes ces personnes et leurs descendants, des Français d'ici et d'ailleurs, de naissance ou d'adoption, qui allaient devenir, par la suite, notamment au lendemain des guerres et des destructions qu'elles ont engendrées, les bâtisseurs de cette France que nous connaissons aujourd'hui. Bâtisseurs de nos quartiers, de nos routes et de nos villes, mais aussi de nos mosquées. Bâtisseurs de notre modèle démocratique. Ceux qui laissent entendre que tous les musulmans seraient inaptes à ces valeurs démocratiques se trompent lourdement. Lors de tous les événements majeurs où la République était en danger, les musulmans de France se sont mobilisés très largement pour leur pays, en tant que citoyens mus par nos valeurs communes.

Mon projet repose sur un triptyque : action, clarté et rassemblement. C'est un véritable programme volontariste que je porte. J'ai décidé d'agir, car je refuse d'être l'otage de l'extrémisme et de la médiocrité ou servir des calculs étroits et des visées égoïstes. Je veux faire le pari de la transparence et de l'ouverture. Une mosquée ne doit pas être, aux yeux des non-musulmans, un lieu anxiogène, mais un centre de diffusion, de bienveillance et de fraternité. Il ne doit y avoir par ailleurs aucune opacité. Je cherche le rassemblement, dans la cohérence, avec ceux qui veulent, dans le respect des lois et des règles de la République, faire exister une religion de paix et d'intelligence, en opposition avec cet islam dévoyé, qui donne l'image d'une doctrine de haine et de guerre à une religion dans laquelle se reconnaissent plusieurs millions de femmes et d'hommes pacifiques qui n'aspirent qu'à vivre dans la sérénité. Mon objectif est de permettre véritablement aux musulmans – mais aussi à tous les Français – de déjouer les pièges qui nous sont tendus par les vecteurs de l'extrémisme.

Le Manifeste contre le terrorisme islamiste a été, pour moi, une sorte d'injonction. Constater que son message porte procure une agréable sensation. Il y a quelque chose de très réconfortant en France, un pays où l'on continue à débattre même lorsque les critiques deviennent acerbes, sans répit. On s'écoute et on se contredit. On se complète et on avance. Humblement, j'apporte au débat une voix nouvelle pour une nouvelle voie.

Je voulais qu'on m'écoute et on m'a écouté. Pas assez, mais le temps fera son travail. Tant qu'il y aura de la constance et de la rigueur, la construction se poursuivra. Je m'inspire des innombrables bâtisseurs connus ou discrets qui nous ont légué un véritable trésor. La Grande Mosquée de Paris est un joyau rayonnant qui me permet de contribuer au débat public. Je poursuis donc ce que j'ai commencé avec les imams. Après avoir recueilli leurs avis sur l'islamisme, il est temps à présent d'aller plus loin dans le débat.

Le Manifeste contre le terrorisme islamiste a été aussi un moyen de clamer haut et fort des valeurs qui font de nous tout ce que nous sommes et, surtout, qui nous serviront à dessiner un avenir aux générations futures. Écrire reste pour moi le meilleur moyen de remettre ces valeurs au centre des débats sérieux et éviter les dérives que nous impose la pression des médias et des réseaux sociaux.

Le renouvellement de l'islam est en cours. Paris est l'un des principaux laboratoires de ce changement de paradigmes. Le changement se fait parfois dans la douleur, mais il est bien réel. En témoignent les nombreuses visites et correspondances qui font de la Grande Mosquée de Paris un carrefour d'échanges et de consultations nationales et internationales. Notre propre foi nous pousse au changement. La stagnation est contraire à notre religion. L'islam est une foi en action, contrairement à la définition trompeuse qui fait d'elle une incitation à la soumission. Le Coran dit : « En vérité, Allah ne modifie point l'état d'un peuple, tant qu'ils ne modifient pas ce qui est en eux-mêmes » (sourate 13, verset 11).

Malgré tous les signes d'un malaise réel et malgré toutes les aigreurs, rien ne saurait amoindrir notre optimisme, pas même la multiplication des messages haineux sur Internet. Dans un avis publié le 8 juillet 2021, la Commission nationale consultative des droits de l'homme (CNCDH) appelle le gouvernement à réagir face à leur multiplication. Plus généralement, selon le rapport de la CNCDH remis le même jour, certains préjugés racistes ou xénophobes persistent au sein de la société. 59 % de personnes sondées estiment que « l'islam est une menace contre l'identité de la France » (contre 62 % en 2019). Le Service central du renseignement territorial du ministère de l'Intérieur (SCRT) assure un suivi des faits qui lui sont rapportés par ses relais et ses partenaires associatifs. Il les classe selon les catégories suivantes : antisémites, antimusulmans, « autres actes racistes et xénophobes ». De 2019 à 2020, ces chiffres marquent une baisse globale (on passe de 1 983 à 1 461 faits) par rapport à la même période de 2019, durant les mois de confinement strict, mais connaissent une forte hausse (de 40 %) au quatrième trimestre, en raison essentiellement d'une augmentation des actes antimusulmans.

Il y a quelques années, j'ai vécu dans un restaurant une situation embarrassante que j'aurais pu considérer comme une agression gratuite si je n'avais pas médité sur les malentendus qui génèrent l'animosité autour de nous. Ce devait être une soirée comme tout autre rendez-vous durant lequel on discute, on partage un moment convivial avant de rentrer chez soi et se coucher de bonne humeur. Ce soir-là, il y avait dans le restaurant un couple de clients au regard un peu persistant. Ils ont perdu leur sang-froid en voyant un visage inamical : le mien. Inamical de leur point de vue, bien sûr. Ils se sont levés au milieu de la salle, se sont dirigés vers moi d'un pas ferme et un regard menaçant avant de me pointer du doigt et me dire : « Nous vous avons reconnu. Nous ne vous laisserons pas faire. » Déstabilisé, je l'avoue, j'ai mis de longues secondes à comprendre les raisons de leur assaut. Ce couple m'avait reconnu en tant que personnalité musulmane et mon apparition leur a coupé l'appétit.

De prime abord, les différences nous intriguent. Les plus optimistes d'entre nous y voient des opportunités d'émancipation. D'autres, moins enclins à s'ouvrir sur les autres, se réfugient derrière un mur d'intolérance pour se protéger d'une menace qu'il n'arrive même pas à identifier. La peur conduit à la méfiance et développe ensuite un comportement querelleur. Elle nourrit les conflits. S'intéresser aux autres avec bienveillance et respect conduit à la coexistence et à l'harmonie sociale. Ce rappel n'est pas celui d'un doux rêveur, mais le constat du traqueur de bonnes nouvelles que je suis. Il y en a tellement ! J'ai appris ces valeurs parmi mes semblables : les humains. En France, j'ai connu des femmes et des hommes qui me permettent aujourd'hui de dire que nous pouvons construire une société solide qui n'a pas peur de sa diversité. Ensemble, nous avons développé des valeurs largement répandues dans notre pays mais aussi en Europe.

Notre union est née de nos débats. Elle existe grâce à nos alliances mais aussi à nos conflits, nos blessures et les enseignements qui en sont issus. Nous savons ce qui mène aux catastrophes. Le mépris mène à la division. Nous l'avons expérimenté. Nous avons connu des drames historiques comme l'esclavage érigé en système de production. Il y aura toujours des théoriciens du malheur pour nous expliquer que la marche de la civilisation passe par des dommages collatéraux. Les dominateurs se feront appeler tantôt civilisateurs, tantôt conquistadors et il y aura toujours assez de vocabulaire pour qualifier ceux qu'on veut dominer : sauvages, barbares, païens, infidèles, sans oublier la riche panoplie de termes avilissants pour désigner des aspects physiques ou des cultures de femmes et d'hommes soumis ou en passe de l'être. De toutes nos mésaventures d'humains têtus, nous avons au moins appris (ou pas) que l'étranger n'est pas toujours un ennemi. Il peut même être d'un apport précieux.

L'ISLAM DES « ÉTRANGERS »

Les dirigeants musulmans qui ont succédé aux quatre premiers califes (Abou Bakr, Omar, Othmane et Ali) ont édifié des empires qui ont dû gérer des populations non musulmanes entières, étrangères d'une certaine manière. De la péninsule ibérique aux frontières de l'Inde, les Omeyyades (660-750) ont fait face à des situations inédites. Le droit musulman s'est adapté. Les écrits ont toujours découlé de l'évolution des sociétés. Dois-je rappeler que le Coran lui-même sous sa forme manuscrite est apparu sous le troisième calife Othman Ibn Affan qui a régné entre 644 et 656, soit au moins une douzaine d'années après la mort du prophète ? Le texte sacré est passé alors de la récitation à l'écriture et il a fallu attendre le IXe siècle pour introduire une plus grande rigueur dans le classement et la transmission des propos et faits du prophète. L'inflation de ces hadiths devenait embarrassante et il a fallu créer un système de vérification pour éviter les nombreux risques de contrefaçon. La biographie du prophète elle-même, celle d'Ibn Hicham, n'a été rédigée qu'à partir du IXe siècle. Tout cela nous amène à conclure que des outils de régulation ont été créés pour s'assurer la loyauté de populations qui n'étaient ni arabes, ni musulmanes, ni même monothéistes et qui n'étaient pas forcément promptes à suivre la foi islamique des dirigeants.

Le fait est que ces instruments juridiques ont garanti une liberté de culte à une époque où les minorités religieuses, chrétiennes hétérodoxes ou juives, étaient persécutées par d'autres puissances et dynasties. Tous les dirigeants musulmans ont-ils été bienveillants avec les adeptes des autres religions ? Pas toujours. Les Abbassides succédèrent aux Omeyyades et la gestion des autres cultes subit les humeurs de certains dirigeants musulmans sur fond de conflits avec Byzance. Vers 850, par exemple, le calife abbasside de Bagdad Al-Mutawakkil imposa aux non-musulmans un code vestimentaire distinctif tout en leur interdisant de construire de nouveaux lieux de culte et tolérant seulement la restauration de ceux déjà existants. Face à cet autoritarisme, des personnages se sont dressés au nom de leur propre interprétation de l'islam et ont défié de telles postures. Il y eut des courageux qui dénoncèrent ce que nous pourrions appeler aujourd'hui la discrimination des systèmes dirigeants. Le mystique Amer Ibn Abd Qays, mort en Syrie en 680, est connu pour son exil forcé en raison de sa défense des non-musulmans. Oui, il y a dans l'histoire de l'islam des hommes passés à la postérité pour avoir rappelé que l'État musulman était tenu de protéger aussi bien la vie et les biens des *dhimmis* que ceux des musulmans. Il est fort aisé de retrouver aujourd'hui des textes qui prévoient qu'en cas de captivité par l'ennemi, le gouvernement musulman devait payer aussi bien la rançon des *dhimmis* que celle des musulmans. Celui qui était étranger par rapport au musulman méritait le même effort d'assistance.

Attention à l'imposture intellectuelle qui fait dire aujourd'hui à certains que le *dhimmis* est un citoyen de seconde zone. En consultant les différents textes émanant de penseurs musulmans ou autres, nous serions tentés d'affirmer que la logique de *dhimmis* a précédé celle de « minorité ». La traduction la plus honnête de *dhimmis* serait « protégé ». Si cette pratique ne relevait pas de la grande importance que les gouvernants musulmans successifs lui accordèrent, elle ne serait pas parvenue au siècle des Lumières au point d'apparaître dans le *Dictionnaire philosophique* de Voltaire qui écrivait que « le Grand Turc [le calife ottoman] gouverne dans la concorde les multiples croyances qui peuplent son territoire ; à chacun ses droits et ses devoirs ». Cette question des minorités demeure l'une des plus marquantes dans la réflexion des philosophes musulmans.

Les premières conquêtes et le sentiment de puissance qui les accompagnait auraient pu conduire à l'effacement des autres cultes si le respect des croyances d'autrui n'était pas précieux dans la foi musulmane elle-même. La préservation des populations touchées par l'islam leur a montré sa grande tolérance. C'est peut-être l'une des qualités majeures de cette nouvelle religion qui a séduit ces populations. Tolérance et morale. Les commerçants musulmans, connus pour leur honnêteté et curieux de découvrir de nouvelles contrées et de nouvelles opportunités, ont remis le nouveau message à des populations très éloignées de leurs terres d'origine. Nulle contrainte religieuse, ni linguistique d'ailleurs. C'est peut-être ce qui explique que les Indonésiens, les Turcs ou les Pakistanais n'éprouvent pas le besoin de maîtriser la langue du Coran pour s'en approprier les préceptes. C'est ainsi que nous découvrons le génie politique des commandeurs musulmans qui ont très vite compris que leur religion et les systèmes de pensée qui en découlaient ne pouvaient s'imposer par la force. Ils jetèrent donc les bases d'un nouvel ordre mondial fondé sur les relations diplomatiques et commerciales d'un genre nouveau.

Il faut croire que les musulmans ont fédéré les autres habitants de la Terre grâce à leur réputation. Comment pouvait-il en être autrement quand on apprenait que cette nouvelle religion accordait à la famille d'un non-musulman tué par un musulman les mêmes réparations qu'une victime musulmane ? Tous les dirigeants musulmans n'ont pas toujours observé ces règles, mais il y a bel et bien un esprit humaniste persistant qui s'est imposé à toutes les générations de dirigeants musulmans sur plusieurs siècles. Henry Dunant, dont la pensée a conduit à la création du mouvement international de la Croix-Rouge et du Croissant-Rouge, observait le comportement d'Ahmed Bey. Selon lui, le représentant de l'empire ottoman dans la régence de Tunis était « un homme excellent, au cœur généreux, plein d'esprit et de talent, ami du progrès, de l'instruction et de la civilisation ». Henry Dunant nous laissa ce témoignage édifiant : « Ce prince a eu la gloire d'abolir l'esclavage des hommes de couleur, tout autre esclavage ayant déjà disparu antérieurement. En outre, il émancipa les juifs qui, avant lui, étaient tenus dans un état de mépris, d'abjection et de persécution. Il fit beaucoup pour les chrétiens. C'est ainsi qu'il donna une maison à l'évêque catholique romain, qu'il paya ses voyages et ses tournées pastorales dans la régence, et qu'il lui fit don du revenu de plusieurs boutiques attenantes à l'habitation épiscopale. »

Ce même Henry Dunant vécut en Algérie et y découvrit l'éthique islamique des hommes adorant Allah et surtout celle d'un autre grand chef musulman : Abdelkader. L'Europe tout entière et même l'Amérique étaient alors émues par cet homme qui a sauvé de la mort plusieurs centaines de chrétiens à

Damas au péril de sa vie. Il expliqua alors qu'il avait agi par devoir, par fidélité à la loi islamique et en vertu des droits de l'humanité. Il écrivit : « Car toutes les créatures sont la famille de Dieu et les plus aimés de Dieu sont ceux qui sont les plus utiles à sa famille. » Connu pour sa résistance à la colonisation française en Algérie, Abdelkader a établi en 1840 une charte du traitement des prisonniers inspirée du droit musulman en temps de guerre, soit une vingtaine d'années avant la réunion à Genève du Comité international de la Croix-Rouge.

Cette époque très intéressante voit s'affronter des antagonismes pour nous laisser des témoignages historiques encore plus puissants sur la générosité des musulmans. À travers les siècles, cette générosité n'avait rien du comportement exceptionnel d'un seul homme un peu humaniste, un peu curieux à l'égard des autres populations, un peu faible au point de gouverner par la pitié. Les exemples de dirigeants forts et altruistes abondent. Ce n'était pas une lubie mais une véritable règle inamovible. Notons qu'en 1839, tous les sujets de l'Empire ottoman étaient déclarés égaux devant la loi, sans distinction de religion et que l'esclavage y était officiellement aboli en 1847. Dans sa *Notice sur la régence de Tunis*, parue en 1853, Henry Dunant nota que les musulmans pratiquaient « l'hospitalité au nom de Dieu » et que « celui qui a refusé par avarice l'hospitalité au voyageur est méprisé de tous, et on le regarde du même œil qu'on regarderait en Europe un homme qui aurait subi la prison pour vol, c'est-à-dire que son honneur est gravement compromis ». Alors que l'humanité assistait aux dernières heures du règne ottoman, un mouvement réformiste prenait forme, issu de la matrice intellectuelle musulmane comme l'institution égyptienne Al-Azhar qui donna au monde musulman des penseurs d'une rare clairvoyance.

Nous y reviendrons. Mais d'abord, revenons à nos préoccupations actuelles. Il me tarde de mettre à la disposition de tous les imams de France les documents du concile Vatican II afin qu'ils développent une réflexion qui est déjà intrinsèque à notre religion. Le concile Vatican II a été l'aboutissement d'une longue réflexion, notamment, sur les rapports entre l'Église catholique avec les autres religions. En 1962, s'est donc ouvert ce concile qui s'acheva trois ans plus tard. Des évêques du monde entier ont produit des textes d'une importance capitale. Nous retiendrons en particulier les déclarations *Nostra aetate* sur les relations avec les religions non chrétiennes dans lesquelles l'Église catholique se propose de revoir l'enseignement de l'Église sur les juifs et de repenser le rapport théologique de l'Église au judaïsme. Le texte a été ensuite élargi à l'islam.

Cette évolution audacieuse nous interpelle en tant que musulmans. L'Église catholique appelle l'islam à la réciprocité dans l'application de ce principe. Nous, porteurs de la troisième religion monothéiste, sommes attendus au Vatican et devons renforcer le dialogue déjà existant. Nous devons accueillir les représentants des autres cultes dans nos mosquées et instituts. Quand ils viennent à la Grande Mosquée de Paris et qu'ils lèvent la tête pour observer le sommet du minaret, ils verront trois sphères qui représentent les trois monothéismes. Pratiquons la fraternité humaine et renforçons-la par un véritable programme d'éducation afin de valoriser notre patrimoine commun. Rappelons aux jeunes générations maghrébines, et algériennes en particulier, que la ville de Souk Ahras (jadis Thagaste) était la patrie d'une grande figure de l'Afrique chrétienne : Aurelius Augustinus, plus connu sous le nom de saint Augustin. Il y est né en l'an 354. La fraternité ne doit plus se limiter aux bons sentiments instinctifs. Il lui faut un engagement afin de réduire les inégalités en matière d'éducation et permettre aux jeunes défavorisés de rattraper leur retard, choisir leur destin et contribuer à l'avenir fraternel qui nous fait tant rêver.

À l'inauguration de l'exposition « Juifs d'Orient » à l'Institut du monde arabe, Emmanuel Macron prononça le 22 novembre 2021 un discours dont j'ai envie de reproduire quelques passages ici. Il s'adressait aux parlementaires, ambassadeurs, représentants des cultes ainsi qu'aux autres invités venus découvrir cette exposition marquée par un « goût tout à la fois de l'hospitalité et de l'universel », selon les mots du président. Il y a des moments comme celui qui nous a réunis ce jour-là qui nous prouvent que nous autres humains, avons réalisé plusieurs fois notre rêve de paix. Les richesses de la civilisation arabe se retrouvaient à l'Institut du monde arabe représentées par une trilogie consacrée aux religions monothéistes. À vrai dire je me suis senti dans un état de conscience assez particulier. Comme si le président lisait dans mes pensées. Comment pouvait-il en être autrement, quand il constatait « notre capacité à réunir toutes les forces vives qui œuvrent pour le dialogue entre les cultures » ? À l'occasion de l'inauguration de l'exposition « Juifs d'Orient », le président a cité toutes les contraintes qui auraient pu entraver ce projet sans y parvenir : « Ni la pandémie, ni les soubresauts politiques, dans le monde arabe comme ailleurs, ni la poursuite des tensions entre Israël et les territoires palestiniens, ni les tentations de repli identitaire ici ou là n'ont eu raison de votre détermination. »

Cette exposition nous apprenait la force d'une communauté soudée sans jamais craindre le dialogue avec les autres cultures qu'elle côtoyait. Mosaïques, faïences ou broderies témoignaient de la cohérence de cette communauté malgré les souffrances et sa capacité à survivre et partager. Alors oui, j'ai adopté cette exposition et tous les éloges qui lui ont été faits, car c'était un moment de réapprentissage de la coexistence et de l'enrichissement mutuel malgré les tensions identitaires. J'ai aimé ce texte et j'en reproduis ici un extrait : « Le fait qu'au fond, l'identité est toujours plus complexe qu'on ne le croit, qu'elle se frotte à d'autres identités pour s'en nourrir, et que la part maudite n'est jamais la part de l'autre, et qu'à chaque fois que la bêtise humaine, que les obscurantismes ont dû conduire tant et tant de familles ou de communautés à quitter certaines rives pour se réfugier ailleurs, la solution a toujours été dans le savoir, le réapprentissage de l'autre, la défense d'une civilisation, d'une religion, de textes et l'énergie remise à réapprendre et reconjuguer. »

Qui peut dire aujourd'hui ce que l'histoire retiendra de nos faits et les écrits qui en sont les fondements ? Que retiendront les générations futures de nos débats et de nos controverses ? Liront-elles nos livres et nos discours ? À mon humble avis, le salut ne vient pas seulement de la lecture de textes historiques, ceux du passé. Il viendra de notre capacité à écouter l'autre. C'est tout cela que m'inspira l'exposition « Juifs d'Orient » et la lecture qu'en a fait le président de la République qui souligna la nécessité de comprendre ce qui fait « l'histoire de chacun, le sens de telle ou telle tradition, la pluralité de culture ancestrale ».

Aujourd'hui, je m'exprime en tant que musulman conscient des enjeux auxquels est soumise la minorité musulmane en Occident. Je suis inquiet. Comment la protéger contre la haine, les amalgames et, surtout, l'ignorance ? À mon humble avis, cette lourde tâche incombe aux imams avant tous les autres acteurs de la vie des musulmans de France. Dès mon élection, en janvier 2020, à la tête de la Grande Mosquée de Paris j'avais tenu immédiatement à solliciter les imams attachés à l'institution que j'ai l'honneur de diriger afin de les amener à participer activement et sans tabou aux débats qui secouent notre société. Évidemment le thème de la radicalisation islamiste s'est très vite imposé comme sujet essentiel. Je n'ignore rien des questionnements légitimes qui animent les Français ni des angoisses tout aussi légitimes qui s'amplifient après chaque attentat. Dès février 2020, avec le soutien et l'implication des imams de la Grande Mosquée de Paris, nous avons publié les « Vingt recommandations ». C'était un texte et surtout un engagement, qui devait servir de socle à mon action et de ligne de conduite pour nos imams et nos aumôniers. Je m'en inspire aujourd'hui pour donner une suite concrète à ce travail et ainsi l'amplifier.

Cependant, nous devons expliquer la situation de ces imams. La loi de séparation de l'État et de l'Église ne donne pas la possibilité de créer un statut spécifique pour eux. C'est à nous de le faire. C'est à nous de créer un statut dans lequel vont se retrouver les imams avec leurs études, leurs diplômes et par la suite leur plan de carrière, une protection sociale, un salaire. Qui donne aujourd'hui un salaire à l'imam ? Nous connaissons les difficultés pour attribuer une rémunération et un contrat de travail à un imam. Il faut voir tout cela comme un objectif fondamental. Nous avons besoin d'un cadre dans lequel tout le monde pourra évoluer. Dieu merci, notre religion est portée par une population jeune et dynamique qui veut véritablement s'insérer dans la société.

Beaucoup d'imams ne s'étaient jamais rencontrés avant la création du Conseil national des imams en novembre 2021. Nous avons commis beaucoup d'erreurs par le passé à chaque fois que nous avons voulu fonder une instance représentative. C'est le Conseil national des imams qui aura toute la légitimité de représenter les musulmans. Des fédérations ont aidé les imams à s'organiser, elles ont fait une partie du travail, elles ont réuni des imams et offert un cadre qui leur permet de se réunir et de travailler ensemble. Aujourd'hui, nous devons assumer nos responsabilités. En tant que recteur de la Grande Mosquée de Paris, je dirige une fédération de plus de cent soixante imams. C'est déjà beaucoup de travail. Ai-je besoin d'une charge supplémentaire ? Il existe d'autres fédérations qui peuvent travailler dans l'intérêt de notre religion et de nos fidèles qui attendent de nous des imams de qualité capables de répondre à leurs questionnements. Je voyais devant moi une assistance faite de dizaines d'imams et j'imaginais les centaines d'imams qui animent notre culte en France. Sur une question cultuelle, il peut y avoir plusieurs réponses non concertées, non coordonnées. Chaque imam a une histoire, une expérience et un parcours d'études. Ne serait-il pas plus cohérent d'apporter une même réponse à une même question au lieu d'égarer les fidèles ? Tel est le rôle du Conseil national des imams tel que je l'envisage. Ce n'est pas une lutte de pouvoir.

J'ai vécu toutes les tentatives de création d'une représentation de l'islam en France, sauf celle du Conseil d'orientation et de réflexion sur l'islam de France (CORIF), à l'initiative de l'ancien ministre de l'Intérieur et des Cultes, Pierre Joxe, dans les années 1980. Ce CORIF lui-même était voué à l'échec au même titre que le CFCM. Pourquoi beaucoup de tentatives ont-elles échoué ? Parce qu'il n'y avait pas d'imams dans ces organisations. Le 21 novembre 2021 est, de ce point de vue, une journée historique, car les imams ont enfin pris la main. C'est un événement national. Il n'y a rien de généreux dans l'intérêt accordé à cet événement. C'est par pur calcul politique qu'on a essayé de nous entraîner dans des discussions de bas niveau pour nous faire disputer la paternité du Conseil national des imams. Or il n'appartient à personne. Il est fait par et pour les imams. C'est par respect pour eux que nous avons organisé l'assemblée générale dans l'institution prestigieuse qu'est la Grande Mosquée de Paris.

Soudain, une critique. Non : une attaque. Un quotidien français publie dans ses colonnes une tribune signée par un spécialiste habituellement lucide sur les questions relatives à la sécurité. Il s'interroge sur le risque de laisser les Frères musulmans former des imams en France, me mettant personnellement en cause et jetant sur ma capacité à choisir mes partenaires un doute insupportable. Il me reproche, avec une condescendance frisant le mépris, une « alliance » contre-nature avec la fédération Musulmans de France pour la formation des imams. En cause, ma récente visite à l'Institut européen des sciences humaines (IESH), géré par Musulmans de France près de Château-Chinon. Alors, encore une fois, il faut répondre à l'écrit par l'écrit. Pour relever le défi de la formation des imams en France, soyons courageux et lucides, ai-je écrit.

Depuis mon arrivée à la tête de la Grande Mosquée de Paris, en janvier 2020, j'ai fait de la prévention de la radicalisation l'une de mes grandes priorités. Mon discours et mes actes ne souffrent d'aucune ambiguïté. Je mène une lutte contre l'extrémisme afin de prémunir concrètement nos concitoyens musulmans contre les attraits de l'islam politique. Je ne suis pas de ceux qui tournent le dos aux territoires perdus de notre République et à notre jeunesse parfois désorientée. L'institution que je dirige doit leur tendre la main et trouver, pour eux et avec eux, tous les moyens d'exprimer combien l'islam est une religion pacifique, ouverte et humaniste, capable de s'épanouir partout où elle se trouve, c'est-à-dire en France, et en parfaite tolérance avec tout ce qui n'est pas elle.

Gardons-nous des péroraisons hâtives et expliquons le sujet au lieu d'infantiliser nos compatriotes de confession musulmane, comme l'a fait mon détracteur. La formation des imams représente un chantier majeur pour le devenir du culte musulman en France. L'Institut Al-Ghazali de la Grande Mosquée de Paris et l'IESH sont, sur notre territoire, les deux seuls instituts de formation des imams depuis le début des années 1990. Il est normal que nous échangions sur nos expériences et sur nos perspectives.

Lors de ma visite, j'ai présenté à l'IESH la réforme dans laquelle j'ai engagé l'Institut Al-Ghazali, à savoir : une formation des imams mieux ancrée dans la vie de la société française, dans son histoire et ses valeurs, et prenant à bras-le-corps le problème de la radicalisation. Ainsi, nous ne restons pas les bras croisés au-dessus des réalités du terrain, bien que faisant face à un manque cruel de moyens. Les difficultés rencontrées par les aspirants imams, comme par les imams dans l'exercice de leurs vocations, ne sont pas assez connues. Elles fragilisent pourtant l'ensemble du culte musulman en France.

Le Conseil national des imams, créé le 21 novembre 2021 sous l'impulsion de quatre fédérations nationales, dont Musulmans de France, a pour raisons d'être de mettre en œuvre un agrément pour les ministres du culte, suivant leurs compétences et leurs expériences, de leur construire un statut, gage de stabilité, et d'accompagner leur vie professionnelle grâce à la formation continue. Des fédérations musulmanes reconnues par les autorités compétentes ont validé les principes fondateurs de ce nouveau projet qui, de notre point de vue, jette les fondations d'un nouvel édifice qui permettra à des imams républicains de s'épanouir et d'épanouir leurs coreligionnaires. Du point de vue des dénigreurs professionnels, ce n'est qu'une gesticulation de plus d'un groupe de musulmans immatures, sinon dangereux. N'en déplaise à nos « professeurs » autoproclamés de maturité républicaine, nous saurons mettre en place un système immunitaire efficace. Notre vigilance sera collective et les régulations internes se feront en toute intelligence, à moins que celle-ci ne soit confisquée par ceux qui entendent gérer notre avenir à notre place. Oui, nous serons capables de reconnaître les dérives éventuelles, de les dénoncer et de nous engouffrer dans le chaos de ces idées destructrices pour y mettre de l'ordre, à moins que le monde des idées ne nous soit, lui aussi, confisqué. C'est un combat d'idées que nous comptons mener, un Conseil national des imams infiltré par les ennemis des valeurs républicaines n'existera donc jamais.

Je tiens dans ce cadre à reconnaître le courage du grand rabbin de France, Haïm Korsia qui est venu dialoguer avec les imams lors de l'installation de leur nouveau Conseil. Ce fut un moment de communion intense où, devant plus de six cents participants, lui et moi lisions à voix haute, la prière que tous les rabbins de France lisent dans les synagogues le samedi pour la préservation de la France et des Français. Depuis l'assassinat de l'enseignant Samuel Patty, les imams de la Grande Mosquée de Paris, à l'issue de leur sermon de la grande prière du vendredi, prient pour la protection de la France et des Français.

Parmi nos partenaires, nous saurons reconnaître ceux qui pratiquent le double langage. Nous leur demanderons de se mettre en conformité avec nos principes. Le cas échéant, il y aura des rappels à l'ordre et une graduation dans la réprimande, allant jusqu'à la révocation. J'ai décidé de m'engager dans ce projet en étant conscient des adversités possibles, y compris parmi les musulmans eux-mêmes. Il n'est jamais trop tard pour corriger nos erreurs, nous dit notre religion. On peut sortir du piège de l'islamisme en s'assumant en tant que musulman et en réapprenant l'indulgence et la tolérance. Les musulmans constituent une grande famille, accueillante, bienveillante, solidaire, qui ne renonce jamais à ses membres, même partis un peu loin, un peu trop longtemps. Il n'y a rien de définitif dans cette mésaventure qui a conduit certains musulmans loin de la communauté nationale. Nous leur disons sans jamais perdre espoir : revenez parmi nous avant de commettre l'irréparable !

Pour la formation des imams, comme pour la Charte des principes pour l'islam de France et le Conseil national des imams, la Grande Mosquée de Paris a des partenaires de travail. Elle est ouverte à celui qui œuvre concrètement pour l'existence harmonieuse de l'islam dans la République française et pour les droits et les devoirs de nos concitoyens musulmans. Chacun pourra juger les résultats collectivement obtenus dans les mois et les années à venir. D'ici là, cessons cette incapacité à comprendre où se trouve l'islamisme et à jeter la fameuse suspicion du double langage sur les musulmans de France qui s'évertuent à parler vrai et à réconcilier les enfants de la nation.

Contrairement aux rodomontades de nos détracteurs, la Grande Mosquée de Paris s'implique en proposant des mesures concrètes pour enrayer l'islamisme dans notre pays. Elle sollicite les fédérations musulmanes signataires de la Charte des principes pour l'islam de France qui, sans leur faire de procès d'intention, seront jugées en fonction de leurs actes. Je serai le premier à dénoncer des agissements contraires aux dispositions contenues dans notre Charte. La Grande Mosquée de Paris restera, contre vents et marées, un lieu de rassemblement autour de cette idée-force, et non un lieu d'exclusion. Le défi est sérieux et il devrait faire l'union de toutes les forces déterminées à le résoudre. Aussi je regrette de le voir régulièrement traité avec un manque certain de précision et de discernement.

Qu'il soit un citoyen ou un ressortissant, l'imam doit pouvoir s'intégrer à notre système de sécurité sociale et bénéficier d'une couverture sociale en cas de maladie professionnelle ou d'accident du travail. Il doit pouvoir protéger sa famille et faire face à ses dépenses de santé et recevoir des recouvrements. Qu'en est-il de ses droits à la retraite ? Quelle est la part des imams dans les caisses nationales ? Comment les priver des allocations familiales ou de l'assurance vieillesse sans risquer de les précariser ? Un imam précaire ne peut pas être un imam respecté et écouté. Ou alors, ce serait un imam militant. C'est aussi simple que cela. Tous les Français jouissent de la Sécurité sociale et d'une couverture sur les grands risques de la vie. Cependant, les bénéficiaires ne sont pas couverts par le même régime ni de la même façon. Quelle est la situation personnelle de l'imam ? De quel secteur professionnel dépend-il et de quel régime social ? Autant de questions qu'il faut aujourd'hui poser sans tarder.

Mes nombreuses rencontres avec les imams m'ont révélé une subtile fascination à laquelle sont soumis certains d'entre eux, dès lors qu'ils se mettent à la lecture ou à l'écriture en langue française. La culture française les attire comme elle a attiré les imams venus d'Égypte au XIXe siècle. Soyons honnêtes et reconnaissons que le mouvement moderniste dans le monde arabe et musulman doit beaucoup à la France. La campagne de Napoléon Bonaparte en Égypte, de 1798 à 1801, a créé un émerveillement réciproque. Les Français ne se sont pas installés dans ce pays, mais ils l'ont fait découvrir aux autres Européens, notamment à leurs rivaux britanniques. Il y avait un magnétisme entre des étrangers qui ne demandaient qu'à se connaître.

L'orientaliste Armand-Pierre Caussin de Perceval a publié en 1883 un document dans lequel il a expliqué la mission du prédicateur égyptien Rifa'a Al-Tahtawi en France. Il était prédicateur à l'armée et Mohamed Ali Pacha, au pouvoir depuis 1805, l'a désigné à la tête d'une délégation d'étudiants pour visiter Paris. Pourquoi la France ? Il avait hésité entre Londres et Paris. Il a choisi cette dernière, car il la trouvait plus respectueuse de l'identité musulmane. Rifa'a Al-Tahtawi a confirmé cette réalité dans ses écrits et décrivait les Français comme un peuple « d'une tolérance parfaite ». Rifa'a Al-Tahtawi a écrit un livre intitulé *Le Raffinement de l'or. Abrégé de Paris* dans lequel il expliquait l'attitude des Français : « Toutes les religions sont permises chez eux. » Alors que la France se préparait à entrer dans une phase de tensions marquée par des positions anticléricales radicales, Al-Tahtawi remarquait que les Français « n'empêcheraient pas plus un musulman de bâtir une mosquée, qu'un juif d'élever une synagogue. »

Armand-Pierre Caussin de Perceval présentait la mission égyptienne comme une recherche des connaissances qui lui étaient étrangères et qui fleurissaient en Europe. Il traduisit les écrits du prédicateur égyptien : « Pendant mon séjour à Paris, voyant les Européens jouir des bienfaits d'une civilisation avancée, je gémissais de penser que les musulmans sont privés de tant d'avantages. »

C'est en France également que deux célèbres réformateurs ont créé la revue *Al-Urwat Al-Wuthqa* (« Le Lien indissoluble ») afin de publier leurs idées sur l'avenir du monde musulman : Djamal-eddine al-Afghani et Mohamed Abdou. Lors de leur séjour en France entre mars et octobre 1884, ils ont écrit un article qui aurait pu servir d'introduction à une grande œuvre intellectuelle. Intitulé « L'unité islamique », le document appelait à l'unification des musulmans sur une base religieuse puis politique comme schéma du réformisme. Ces deux hommes sont deux des quatre principaux théoriciens de la renaissance islamique (Al-Nahda Al-islamiyya). Il faut citer aussi Mohamed Rachid Réda et Abd Al-Rahman Al-Kawakibi. Ils avaient commencé un travail de découverte du nouvel ordre mondial tout en pensant le monde musulman dépassé alors par de nouvelles civilisations. À la lecture de leurs textes, nous découvrons une préoccupation existentielle et une grande nostalgie. Ils regrettaient un monde musulman jadis étincelant et souffraient de sa décadence. Ils ont essayé de comprendre leur nouveau monde pour le rendre meilleur, attaché à son authenticité et en phase avec les nouvelles réalités. Il a fallu interroger l'histoire de la civilisation musulmane afin de redécouvrir des moments légitimant la démocratie, la modernité et tous les aspects du progrès occidental.

En 1883, Djamal-eddine Al-Afghani découvre une effervescence intellectuelle à laquelle il veut participer. Signe de l'ouverture d'esprit qui caractérise ce personnage : c'est l'homme de théâtre juif égyptien Yaqub Sannu et le journaliste libanais et chrétien Khalil Ghanem qui lui permettront de participer au débat public en France. Khalil Ghanem l'aidera à transmettre ses idées au philosophe Ernest Renan, très critique à l'époque à l'égard de l'islam. Cet échange restera un des moments les plus intéressants du réformisme musulman en quête de dialogue avec l'Occident.

Le réformisme musulman avait une revue mensuelle : *Al-Manar*. Son travail a commencé en mars 1898, elle a prospéré dans l'entre-deux-guerres et s'est arrêtée peu de temps après la mort de son fondateur Mohamed Rachid Réda en 1935. Elle est née de la rencontre entre Mohamed Rachid Réda et Mohamed Abdou, ce dernier et Afghani étaient les pionniers de la *salafiyya*, prônant le retour aux origines de l'islam pour mieux fonder une société moderne avant de créer le *islah* (réforme) et le *tajdid* (renouveau).

Que s'est-il passé ensuite ? Qu'est-il advenu de cette démarche intellectuelle ? Pourquoi n'a-t-elle pas fonctionné ? L'opinion musulmane a-t-elle compris l'effort de cette élite dont le travail est perçu aujourd'hui comme éphémère ? La colonisation et les violences qui l'ont accompagnée y sont certainement pour beaucoup. Les Britanniques ont occupé l'Égypte en 1882. Plus tard, ils se sont partagé les terres de l'Empire ottoman disloqué en vertu des accords secrets de Sykes-Picot qui ont conduit à la révolte arabe du chérif de La Mecque, Hussein, contre les Turcs. La Turquie moderne est tout ce qui reste de l'Empire ottoman. Elle doit son existence à l'idéologie réformiste et antireligieuse de Mustafa Kemal qui abolit, en 1924, le califat faisant de sa jeune République turque le premier État laïque et républicain du monde musulman.

UNE URGENCE ABSOLUE : LA RÉFORME

La fin du califat en 1924 a servi aux théoriciens de l'islamisme comme point de départ d'une idéologie de reconquête. Des idées ont mieux réussi que d'autres, comme celle de l'instituteur Hassan Al-Banna, fondateur égyptien de la confrérie des Frères musulmans en 1928 qui prônait le retour à l'islam des premiers temps et une opposition sans équivoque au modèle occidental. D'un autre côté, c'est le nationalisme qui a supplanté le réformisme dans les pays musulmans. C'est l'idéologie nationaliste qui s'est approprié le discours sur la modernisation, puisqu'elle ne s'est pas encombrée d'un recours à l'histoire de la puissance musulmane. Dans le cas de l'Égypte, les nationalistes se sont heurtés aux islamistes. Ce clivage perdure jusqu'à aujourd'hui, créant aussi des déclinaisons ailleurs, comme en Algérie. Le sentiment religieux a fait son retour par le biais d'activistes politiques déçus par les illusions nationalistes. Les islamistes ont dénoncé les institutions religieuses officielles pour proposer des formes d'organisation clandestines. L'islam politique a connu une percée spectaculaire dans la partie chiite du monde musulman. La révolution dite islamique en Iran en 1979 a révélé une réelle capacité de mobilisation de la part des activistes islamistes.

En dépit du clivage doctrinal qui les sépare, les sunnites et les chiites subissent de la même manière les effets du tsunami occidental dans lequel j'intègre les calculs américains antisoviétiques et anticommunistes qui ont favorisé l'instauration d'une république islamique en Iran en 1979. Dans ce pays, malgré l'impopularité du shah, il y avait un climat favorable à l'émancipation des femmes. Il est important de s'attarder un peu sur la situation iranienne même si le modèle iranien ne semble pas vraiment impacter la France. La révolution islamique iranienne et le régime politique qui l'a suivi ont néanmoins servi de laboratoire grandeur nature pour de nombreux islamistes. Les différences dogmatiques entre les sunnites et les chiites sont beaucoup trop importantes pour que les islamistes sunnites reconnaissent la réussite de leurs adversaires chiites dans la réalisation d'un État comme ils le rêvent. Cependant, la référence est bien réelle : un État théocratique qui contrôle une population de plus de 83 millions d'habitants. L'influence régionale iranienne n'est plus à démontrer et c'est même une source d'inquiétude pour d'autres puissances régionales.

Qu'ils soient sunnites ou chiites, les activistes s'accordent sur la dénonciation des régimes qui se soumettent aux « maîtres occidentaux » et la dissolution morale d'un monde musulman jugé faible, voire apostat selon les plus extrêmes des doctrines, celle du *takfir* (déchéance du statut de musulman), notamment. Ne s'encombrant ni de nuances historiques, ni de débat, ils ont tout simplement décidé de partir à l'assaut du pouvoir. En Iran, ils ont réussi. Il semble qu'en Afghanistan aussi, pour le moment.

Nous pourrions nous contenter de ce constat apparent et nous résigner à attendre, mais en observant un peu mieux la situation iranienne, nous devinons une véritable impulsion réformiste. Au fil des années, le système politique iranien s'est structuré selon un clivage entre conservateurs et réformistes et ce n'est pas un hasard. De la même façon, les talibans afghans sont traversés par des courants de moins en moins monolithiques. Là-bas aussi, l'action féminine a marqué les esprits et ouvert des brèches. L'espoir est permis et la nuance est salvatrice. Rien n'est définitif. Il y a eu et il y aura toujours des occasions d'avancer vers un monde meilleur.

Des penseurs ont néanmoins fourni cet effort de la nuance historique et ont essayé de raccommoder les déchirures qui ont conduit aux malentendus dont nous mesurons les conséquences désastreuses. En dehors de la matrice intellectuelle égyptienne d'Al-Azhar, le monde musulman secoué par l'irruption du modèle occidental a connu d'autres penseurs ailleurs qu'en Égypte qui ont marqué les esprits par la pertinence de leurs idées. Il me semble que Mohamed Iqbal mérite une relecture. Ce poète et philosophe originaire des Indes britanniques est perçu aujourd'hui comme le père spirituel du Pakistan. Il était bien plus qu'un nationaliste combattant la colonisation. Il écrivait : « Les nations naissent dans le cœur des poètes ; elles prospèrent et meurent entre les mains des politiciens. » Seul un poète comme lui pouvait lire les nuances et se frayer un chemin entre le modèle occidental basé sur la sécularisation et un monde musulman obéissant à un régime de califat jusqu'au XXe siècle. Il était adepte de l'effort d'adaptation ou ijtihad. Sa pédagogie s'appuyait sur la tradition prophétique elle-même, car selon lui le Messager de Dieu a appris à ses premiers compagnons à réfléchir aux situations nouvelles auxquelles ils feraient face. Il voulait faire d'eux des réformateurs capables de comprendre le dynamisme de leur religion. Iqbal reprenait le dialogue entre le prophète et son compagnon Muadh Ibn Jabal, gouverneur du Yémen fraîchement acquis à l'islam : « Que feras-tu lorsque l'on soumettra un cas à ton jugement ? » demanda le prophète. Muadh répondit : « Je jugerai conformément au livre de Dieu. Le prophète l'interrogea de nouveau : « Et si tu ne trouves aucune solution dans le livre de Dieu ? » Le gouverneur du Yémen dit : « Alors je jugerai conformément à la coutume de son Messager. » Le dialogue se poursuivit : « Et si tu ne la trouves pas dans la coutume du Messager ? » Muadh Ibn Jabal atteignit alors la conclusion voulue par son maître depuis le début de la conversation : « J'utiliserai le raisonnement en toute liberté pour former ma propre opinion. »

Un autre homme a réfléchi et écrit sur la question du déclin des musulmans : l'Algérien Malek Bennabi. C'est lui qui a expliqué qu'un peuple est colonisé car il en a l'aptitude, d'où le concept de colonisabilité. Il croyait en une intériorisation du déclin de la part des peuples soumis aux nouvelles puissances. Il préconisait une « révolution scientifique et d'idées » pour commencer toute réforme. Il croyait en une possibilité de transfert de civilisations à une échelle globale et à un déplacement du centre de gravité islamique de la Méditerranée à l'Asie. La complexité de l'œuvre de Malek Bennabi vient aussi de sa sympathie pour les figures du nationalisme arabe, notamment le président égyptien Gamal Abdel Nasser. Les années 1950 sont celles de la guerre d'Algérie mais aussi celles qui favorisent la naissance d'un mouvement séduisant : le tiers-monde. Malek Bennabi commençait à croire en une civilisation afro-asiatique et observait alors que beaucoup de pays présents à la conférence de Bandung en Indonésie en 1955 étaient musulmans. Dans son livre *Vocation de l'islam*, il écrivait : « Il n'est plus possible de gouverner le monde avec une science moderne qui projette l'humanité dans l'âge atomique, et une conscience médiévale qui prétend le maintenir dans les structures particulières qui ont engendré la colonisabilité et le colonialisme. » Il réfléchissait sur le rôle que pouvait jouer l'islam dans les nouveaux équilibres : « L'islam est désigné pour être le pont entre les races et les cultures, un facteur de cristallisation, un élément essentiel de catalyse dans la synthèse d'une civilisation afro-asiatique aujourd'hui, d'une civilisation universelle demain. »

Nous n'avons pas suffisamment lu ou parlé de l'œuvre de cet homme qui appartient à une poignée d'intellectuels musulmans qui ont voulu sortir leurs frères et sœurs du déterminisme de leur histoire. Il a séjourné en France et on ne lui connaît pas de position intellectuelle anti-française, ni même anticoloniale. Il voyait le colonialisme comme la conséquence d'une décadence. Il a proposé une lecture de l'islam compatible avec le sens de l'histoire. Il a pensé le marasme du monde musulman en même temps que l'évolution du monde en voie de globalisation au lendemain de la Seconde Guerre mondiale.

Malek Bennabi relit aussi les événements des premières années de l'islam et y trouve des enseignements pour notre époque. Le calife Ali, gendre du prophète, est en guerre contre d'autres musulmans qui contestent son pouvoir. Parmi eux : Aïcha, l'épouse du prophète. Il est sur le point de les battre à Siffin, sur les bords de l'Euphrate, près de Bassorah dans l'Irak actuel. Les soldats de son rival Muawiya brandissent alors des pages du Coran au bout leurs lances, sur une idée d'Amr Ibn Al-Ass. Ali choisit alors le dialogue et il perd la confiance de certains de ses partisans qui l'abandonnent et jugent son attitude contraire à la volonté de Dieu. Il sera assassiné en 661 par des musulmans dissidents qu'on appelle les kharidjites devant la mosquée de Koufa, en Irak. L'ère des califes *rachidoun* (bien guidés) prend fin avec la disparition d'Ali. Trois de ces quatre califes sont morts assassinés. C'est à ce moment-là que se crée la scission des kharidjites et des chiites. Malek Bennabi avait raison de nous inciter à réfléchir un peu sur le passé : le cousin et gendre du prophète est en conflit contre sa femme, les musulmans se déchirent, ils viennent de perdre deux grands califes assassinés. Il faut inciter les musulmans à relire ces événements avec insistance. Pourquoi ces événements nous gênent-ils aujourd'hui au point de se réfugier dans le déni ? Les musulmans à travers les siècles auraient dû considérer ces premiers personnages comme de simples humains capables du meilleur comme du pire. Eux aussi ont eu parfois du mal à entrevoir la frontière entre le temporel et le spirituel et ont dû trancher dans le vif.

La renaissance islamique qui repose sur le renouveau et la modernisation doit sonder les profondeurs du passé pour vivre le présent et envisager l'avenir, ce qui n'est pas du goût des islamistes. Ils exploitent la crise et les frustrations des musulmans pour proclamer que l'application de la loi divine – dont ils sont les dépositaires de leur point de vue – résoudra la crise et redonnera aux musulmans ce qu'ils ont perdu. Le réformateur Mohamed Abdou affirmait : « L'islam a condamné l'imitation servile et aveugle (*taqlîd*) en matière de croyance et a sauvé la raison de son engourdissement, car l'homme par nature est conduit par la science et la raison sur la voie de la connaissance. » La création législative a pris fin, dans l'histoire de l'islam, depuis une dizaine de siècles.

Certains dirigeants des États musulmans s'appuient sur des religieux qui les aident à asseoir leur pouvoir. Il est à noter qu'en raison des ambiguïtés accumulées depuis des siècles, il devient fort aisé de donner aux textes les interprétations qu'on veut bien leur donner. En instrumentalisant l'islam, ils ont contribué à renforcer leurs adversaires qui leur disputent la paternité sur un héritage qui continue à faire l'objet de débats parfois très violents.

Nous vivons une époque intéressante, ponctuée de signes encourageants. Rares mais encourageants tout de même. Au Maroc, le Conseil supérieur des oulémas a estimé que ceux qui changent de religion ne méritent pas la peine de mort, ce qui est une avancée en matière de droits humains. En tant que musulmans en France, nous recevons ces informations comme autant de signes prometteurs, surtout quand ils viennent de pays situés dans la partie occidentale du monde musulman, là où s'exerce une certaine audace intellectuelle. Je fais mienne cette audace comme je fais miennes les déclarations qui mettent la liberté de conscience au centre de toute dynamique politique ou religieuse. Dans un texte intitulé « De la tolérance à la coexistence dans le respect mutuel », l'historienne Valentine Zuber écrit : « La liberté de conscience, en tant qu'expression personnelle de la conscience morale et religieuse, n'a jamais été combattue en tant que telle à aucune époque de son histoire. Que ce soit dans le premier testament de la Bible, dans les Évangiles du second testament, dans les enseignements philosophiques grecs, dans le droit romain ou dans le Coran, la liberté intime (i.e. secrète) de la conscience humaine a toujours été promue comme le premier signe de l'humanité de l'homme en opposition au monde animal. »

Face aux attentats qui ont endeuillé la France au nom d'une certaine interprétation de la religion, les pouvoirs publics au plus haut niveau, animés par l'urgence d'un discours religieux respectueux des valeurs républicaines, ont demandé une certification des imams. Un travail de structuration était attendu afin de les remettre au centre de la réflexion sur l'organisation de l'islam de France. Certains d'entre eux ont été pris en flagrant délit de discours haineux et choquants et des mosquées ont été fermées à la suite d'agissements incompatibles avec les valeurs françaises.

Les imams souffrent de l'intrusion d'éléments nuisibles qui leur disputent la parole religieuse et les défient au sein même des mosquées. Dans ce climat de suspicion, il était urgent d'agir afin de mettre en avant des imams républicains et les distinguer des individus déviants.

Avant d'aller plus loin, un état des lieux s'impose. De qui parlons-nous ? Un profil type d'imam n'existe pas. Cependant, nous savons que des étudiants ont animé certaines mosquées en bénévoles. Nous savons aussi que beaucoup d'ouvriers musulmans prient ensemble et que certains d'entre eux se transforment en imams le vendredi. Certains de ces imams se sont affirmés par l'usage sans qu'aucune autorité religieuse ou laïque ne trouve à y redire. Entre l'activité purement associative et l'activisme prosélyte, la frontière n'a jamais été vraiment claire. Toujours est-il que l'imam, quel que soit son style ou sa verve, est devenu un personnage incontournable.

RELIRE L'HISTOIRE

Il faut relire l'histoire. Comment pourrait-on comprendre notre actualité autrement ? Il faut repérer les moments de rupture du dialogue entre les musulmans et les non-musulmans afin de réparer les cassures qui ont conduit à nos drames d'aujourd'hui.

Lorsque les rois et les gouvernants manquent de lucidité et sont trop fiers pour le reconnaître, ils entraînent leurs peuples dans des mésaventures qui les ravagent sur plusieurs générations. C'est ainsi que, dans la tourmente d'événements qui le dépassent, le roi Charles X décide d'envahir l'Algérie. Quand les troupes françaises débarquent sur la plage de Sidi-Ferruch, à 25 km d'Alger, le compte à rebours a déjà commencé pour le roi. Il abdique quelques semaines plus tard mais le mal est fait, aggravé par la capitulation du dey le 5 juillet 1830. Le tâtonnement se poursuivra de longues années. De longues décennies. La colonisation de l'Algérie commence par des massacres. Les témoignages de cette époque évoquent des « enfumades ». Des militaires français ont asphyxié des civils. Ils allumaient des feux à l'entrée de grottes dans lesquelles se réfugiaient des personnes qui fuyaient la violence. Les officiers supérieurs avançaient en brûlant les villages et les moissons et en coupant des oreilles humaines récoltées par paires comme preuves de victoire sur l'ennemi.

La colonisation s'est faite avec le soutien idéologique de politiciens et d'intellectuels convaincus que l'expansion coloniale était la meilleure réponse à un islam conquérant, combiné à des pratiques que l'on qualifierait aujourd'hui de mafieuses, comme la piraterie en Méditerranée. Ainsi, les massacres et les pillages seraient une contre-offensive punitive et un juste retour à l'équilibre des forces. Là aussi, c'est du tâtonnement politique et philosophique. Cette approximation désastreuse a fait de la Méditerranée un espace de rupture au lieu d'en respecter la vocation civilisatrice et intégrationniste.

Il y eut pourtant des fulgurances d'esprits éclairés par des lucidités de courte durée qui ont failli nous sauver de ce grand malentendu historique. Je pense notamment à Napoléon III et à son idée au fort potentiel respectueux du « royaume arabe » dans lequel il voulait faire participer les notables musulmans dans l'administration du pays. Cet homme d'État incompris avait tenté de mettre un terme à l'avidité des colons qui spoliaient les paysans algériens au point de provoquer des révoltes inextricables qui n'ont fait que nourrir le feu de la haine. Cet épisode du Second Empire qui commence en 1852 est complexe et plein de subtilités qui mériteraient une relecture. N'oublions pas que cette France-là se trouvait face à une Allemagne bismarckienne menaçante. Entre diplomatie, méfiance et menaces, les responsables français ont décidé de déclencher la guerre en juillet 1870. Par mauvais calcul ? Par tâtonnement ? Napoléon III est-il tombé dans un piège tendu par les Prussiens ? A-t-il péché par orgueil ? Laissons les historiens donner des réponses à ce qui s'est passé, mais retenons que la défaite de Sedan a définitivement écarté les options modérées dans la gestion des territoires algériens.

L'histoire est complexe. Ce n'est pas un jeu de dames avec des cases noires et blanches alternées. On ne peut évidemment pas la réécrire, mais elle est source d'enseignements. Le soutien politique et intellectuel à l'expansion coloniale est venu de personnalités de haut niveau. Le ministre des Affaires étrangères Gabriel Hanotaux en faisait partie. En lisant quelques-uns de ses écrits, nous découvrons des réactions d'une valeur historique inestimable comme celles de Mohamed Abdou qui lui répondait sur la nature de la religion musulmane et sa capacité à s'adapter à la modernité. L'histoire des pensées retiendra ce nom comme celui d'un visionnaire qu'on aurait dû écouter. Réformiste par excellence, sa philosophie est nourrie par l'attachement aux sources de l'islam et le dialogue avec l'Occident.

Il m'est difficile de discuter de l'islam de France aujourd'hui sans un examen des pages sombres de la colonisation. Ce travail doit permettre aux générations musulmanes qui font aujourd'hui la société française de vivre dans la sérénité à la fois leur citoyenneté et leur religion, fiers de leur appartenance à la nation française.

La résistance du peuple algérien commence dès le début de la colonisation française, lors du débarquement de 1830. La « pacification » ne s'achève qu'en décembre 1847, avec la reddition d'Abdelkader. Après cette date, les insurrections n'ont jamais vraiment cessé. Quand les armes se taisaient, c'était pour permettre d'avancer sur des projets politiques comme l'Étoile nord-africaine (1926), puis le Parti populaire algérien (1937) par Messali Hadj. La répression sanglante des manifestations pour l'indépendance, à Sétif en mai 1945, a créé un traumatisme et raffermi un sentiment de patriotisme général qui a conduit vers la guerre d'indépendance.

Un siècle de colonisation a habitué les dirigeants français à croire que leur nation s'étendait « des Flandres au Congo », comme le disait François Mitterrand, alors ministre de l'Intérieur. À l'Assemblée nationale, le 12 novembre 1954, il affirmait aussi que « l'Algérie, c'est la France ». On croirait presque à sa sincérité quand il disait que « partout la loi s'impose et cette loi est la loi française » ou quand il parlait d'« une seule nation dans les territoires d'outre-mer comme dans les départements d'Algérie comme dans la métropole ». Les dirigeants français refusent même le mot « guerre » dans la description des événements. Il ne sera officiellement accepté qu'en 1999, après une décision de l'Assemblée nationale.

Le déni maintiendra les blessures ouvertes. On ne peut ignorer aujourd'hui les actions visant à terroriser les populations et les empêcher de soutenir les combattants algériens. Qui peut nier l'usage du napalm dans la destruction des villages, vidés de leurs habitants par la force ? Nous ne pouvons pas ignorer l'épisode « pleins pouvoirs » durant lequel l'armée a torturé des Algériens mais aussi des Français acquis à la cause indépendantiste, comme le mathématicien Maurice Audin, torturé et assassiné à l'âge de 25 ans par l'armée française pendant la bataille d'Alger, en 1957. Trois jours après la déclaration du président Emmanuel Macron sur l'affaire Maurice Audin, des documents longtemps tenus secrets et conservés aux Archives nationales d'outre-mer révélaient enfin la vérité sur un millier d'Algériens arrêtés par l'armée française en 1957 et recherchés par leurs proches. On les appelait les « Français musulmans ». C'est tout. Tout a été fait pour que leur identité ne soit jamais connue.

Nous avançons désormais vers un travail mémoriel tant attendu. Grâce à la Commission nationale consultative des droits de l'homme, une journée d'étude s'est tenue le 20 septembre 2019 à l'Assemblée nationale sur le thème « Disparus algériens, quelle vérité et quelle justice ? », à laquelle plusieurs descendants de disparus ont assisté. Dans ces conditions, il est légitime d'espérer une libération de la parole des acteurs militaires et civils encore vivants. Le temps presse. Nous avons besoin de savoir ce qui s'est passé le 17 octobre 1961, lorsqu'une manifestation contre le couvre-feu imposé aux « Français musulmans » donna lieu à un véritable massacre.

Soixante ans plus tard, le président de la République s'est rendu au pont de Bezons, près de Nanterre dont étaient issus de nombreux manifestants. Il a observé une minute de silence en mémoire des victimes avant de reconnaître que « les crimes commis cette nuit-là sous l'autorité de Maurice Papon sont inexcusables pour la République ». Nous aurions aimé une déclaration un peu plus près des faits : ce n'était pas un massacre commandé par un seul homme.

Certes, il y a des résistances devant le travail mémoriel attendu. Des barrages se dressent devant les bonnes volontés. Elles n'en seront que plus raffermies. Nous n'avons plus le droit d'enfermer des générations dans les conflits de mémoire. Nous ne sommes pas tous d'accord et il y aura toujours des oppositions. Gérons ces dernières avec lucidité, sans passion, dignement, dans l'intérêt de cette histoire revisitée.

Il est temps également de regarder le rôle humaniste de la Grande Mosquée de Paris et de son premier recteur, Kaddour Benghabrit, dans la protection des juifs durant la Seconde Guerre mondiale. Dans cette institution construite pour permettre aux musulmans d'exercer leur culte, Kaddour Benghabrit a engagé une opération humanitaire dans des conditions extrêmement périlleuses, alors que Paris était occupé par les nazis. Il a fait délivrer des certificats d'identité musulmane à une centaine de juifs pour leur permettre de se rendre en zone libre à la première occasion. Des familles ont séjourné à la Grande Mosquée de Paris.

Comme le journaliste et écrivain Mohammed Aïssaoui dans son livre publié en 2012, *L'Étoile jaune et le Croissant*, je peux exprimer cette fierté que des musulmans, dans les moments les plus tragiques, ont été aux côtés des juifs pour les secourir du mieux qu'ils ont pu. Oui, Mohammed Aïssaoui a raison de dire qu'il lui « importait de montrer qu'un jour, au moins une fois, des Arabes et des Juifs ont marché main dans la main. J'avais envie de prononcer le mot philosémite [...]. Alors que les témoins directs ont pour la plupart disparu, j'ai retrouvé plus de personnes et de faits que je ne pouvais l'imaginer au début de ma quête ».

Que dire également d'Abdelkader Mesli, imam recruté en 1930 par Kaddour Benghabrit ? Venant de son Algérie natale, à peine âgé de dix-sept ans, passant par Marseille pour atteindre Paris, il s'engage résolument aux côtés de son responsable religieux dans le sauvetage des juifs dès le début de la Seconde Guerre mondiale. Il participe à la délivrance de documents permettant à des juifs de se déclarer de confession musulmane. Il est remarqué par le gouvernement de Vichy. Kaddour Benghabrit l'envoie en 1940 comme aumônier du fort du Hâ à Bordeaux. Abdelkader Mesli est très actif et continue à délivrer aux juifs les certificats de confession musulmane en organisant des évasions.

Il reviendra à son poste à la Grande Mosquée de Paris, après avoir été arrêté comme résistant en 1945, déporté et torturé au camp de concentration de Dachau et ensuite à Mauthausen.

Au mois de mars 2021, la mairie de Paris a enfin reconnu le rôle de cet imam exceptionnel en baptisant une rue à Paris qui porte son nom.

Ces actes de courage, pris en toute connaissance et en toute liberté, sont l'honneur de la Grande Mosquée de Paris. Je ne comprends toujours pas pourquoi ils ne sont pas admis à leur juste valeur. Il y a une forme de pudeur qui jette la suspicion sur de tels faits. Ces hésitations doivent cesser et je ferai en sorte que cette reconnaissance se réalise.

À l'issue de la Première Guerre mondiale, s'est imposée l'idée de la construction de Grande Mosquée de Paris, comme reconnaissance du courage et du sacrifice des soldats musulmans d'Afrique.

Pour une relecture parfaite de l'histoire, la Société des habous et des lieux saints de l'islam est propriétaire de cet édifice religieux. Elle l'a acquise à l'Assistance publique des hôpitaux de Paris, par un acte notarié signé le 25 février 1922, à un prix de 1 620 000 francs et 175 000 francs de frais. La vente a été rendue possible par une subvention de la ville de Paris, qui doit encore en être remerciée. J'ajoute une précision qui montre à quel point notre Grande Mosquée que j'ai l'honneur de diriger aujourd'hui est ancrée dans l'histoire de France. L'acte notarié précise, excusez du peu, que le terrain de l'Assistance publique avait été acheté par la reine Marie de Médicis pour créer l'hôpital Notre-Dame de la Pitié.

Il ne faut jamais oublier que le terrain sur lequel est construit la Grande Mosquée de Paris est passé d'une reine de France à la Société des habous et des lieux saints de l'islam.

Un siècle plus tard, la Grande Mosquée de Paris dont ses détracteurs veulent minimiser le rôle est toujours présente, majestueuse et incontournable. Elle a vu passer une guerre mondiale, trois républiques, la décolonisation, l'indépendance de l'Algérie, et encore tant d'événements… Et elle est toujours là, fidèle au projet d'origine : l'animation d'un grand lieu de culte et de rayonnement de la civilisation musulmane.

Je me dois également de rappeler le rôle joué par le troisième recteur, Hamza Boubakeur, qui en 1967, en pleine guerre dite des Six Jours, participa activement à la création de l'association La fraternité d'Abraham.

Prônant le dialogue interreligieux entre juifs, chrétiens et musulmans, elle a été fondée le 7 juin 1967 à la Grande Mosquée de Paris, à la suite du concile Vatican II. À cette occasion, André Chouraqui, le père Jean Daniélou, l'écrivain Jacques Nantet et le père Michel Riquet se retrouvèrent autour de la table à la Grande Mosquée. Cette initiative fut saluée par tous les responsables des cultes de France. Cette association est toujours très active. J'entretiens avec ses responsables des relations soutenues.

Dans un tout autre chapitre, mais non moins important, le recteur Abbas Bencheikh-El Hocine, a joué un rôle important pour le règlement de la situation des enfants issus de mariages de conjoints français et algérien. Il a défendu âprement le droit de garde des mères de nationalité française dont les enfants avaient été conduits en Algérie par le père algérien.

Il est intervenu de manière active dans une autre histoire douloureuse des relations entre la France et l'Algérie. Il a permis le retour dans leur pays natal d'anciens harkis qui avaient quitté l'Algérie précipitamment à l'indépendance en 1962.

Toutes ces initiatives des recteurs qui se sont succédé montrent le rôle de fraternité qu'ils ont joué. C'est cet humanisme qu'il y a lieu aujourd'hui de saluer.

Les comportements des différents recteurs tout au long de l'histoire centenaire de la Grande Mosquée de Paris nous invitent à débusquer les plaisantins qui ont mis en péril notre existence. Aujourd'hui encore, le risque de fracture de notre société est grand. En falsifiant les faits, en voulant essentialiser les musulmans de France et les accuser d'être responsables de tous les maux actuels que vit notre pays, ils créent un discours nauséabond qui a été déjà utilisé tout au long de l'histoire. Le laisser artificiellement prospérer est dangereux car les problématiques évoquées sont fausses. Nous ne pouvons que constater ce que les idéologies nationalistes et xénophobes ont causé comme ravages qui ont abîmé durablement le cours de l'humanité. Si l'on veut éviter les catastrophes passées, il est indispensable de lier l'histoire et le présent.

De nos divergences et de nos malentendus naîtront peut-être des systèmes de pensée harmonieux. De l'adversité naîtra l'altérité.

SE RENFORCER DANS L'ADVERSITÉ

Nous vivons dans un état d'adversité permanent. Selon une définition du *Larousse*, l'adversité est l'état de celui qui éprouve des revers. Nous éprouvons effectivement ces revers et cet état dure depuis longtemps. Par « nous », j'entends ici les musulmans. Ballottés par un nombre incalculable de faux départs, de faux espoirs et de déboires à répétition, certains d'entre nous se réfugient dans un passé fantasmé comme on glisse vers un état de léthargie. Soudain, on se laisse aller à une euphorie passagère, le temps d'une illusion fulgurante. C'est alors que commence ce que le psychanalyste Fethi Benslama appelle le « saut épique ».

Malgré les déconvenues, nous avons accumulé suffisamment d'expérience pour nous permettre de citer aujourd'hui le philosophe Friedrich Nietzsche qui nous a laissé cet apophtegme : « Ce qui ne me tue pas me rend plus fort. » Quand je disais « écoutez-moi » dans un précédent livre, je ne le faisais pas en chuchotant. Ma voix est réellement parvenue à des consciences éveillées, chez les musulmans et les non-musulmans. L'adversité nous a raffermi. J'aurais pu écrire aussi : « écoutez-nous ». Nous, les silencieux, qui voulons à présent nous exprimer sur nous-mêmes et ne plus laisser nos tuteurs autoproclamés le faire à notre place. Il est temps de parler, car le silence est une forme de faiblesse. Tant pis si cela force nos adversaires à révéler leur vraie nature. Tant mieux, devrais-je dire.

La pandémie a révélé un comportement exemplaire des musulmans, aussi bien dans les lieux de culte que dans le domaine de la solidarité nationale. Restons lucides et réalistes. Les plus irréprochables d'entre nous continueront à susciter méfiance et suspicion du simple fait d'être musulmans. Ne cédons pas à la provocation, car ce qui nous arrive est une épreuve décisive. Nous avons déjà expérimenté des manigances indignes de la patrie des droits de l'homme. J'ai presque le sourire aux lèvres en pensant à un apéro « saucisson-pinard » organisé dans le quartier parisien de la Goutte-d'Or en 2010 à l'heure de la prière musulmane du vendredi. Il s'agissait de protester contre les centaines de fidèles musulmans qui, chaque semaine, se rassemblaient devant la mosquée de la rue Myrha. À l'origine de cette initiative, il y avait l'association Riposte laïque qui soutient aujourd'hui un bien sinistre projet revendiqué par des plaisantins de la politique. Ils étaient rejoints, pour l'occasion, par le Bloc identitaire, regroupement d'extrême droite. Ce dernier s'était déjà fait connaître par de bien tristes « soupes au cochon », destinées aux sans-abri. En incluant du porc dans leur plat, ils avaient trouvé un moyen abject de ne servir ni les musulmans ni les juifs. De telles initiatives demeurent rares, mais elles révèlent une haine peut-être plus intense qu'on ne le croit. Nous sommes les témoins d'une époque qui a vu apparaître des idées dangereuses et persistantes qui menacent notre cohésion tout en continuant à recruter en toute impunité.

J'appartiens à une génération ni trop vieille pour être faible ni trop jeune pour se dire résolument forte. C'est une génération de transition, témoin d'une mutation entre deux mondes. Nous sommes les musulmans de l'entre-deux-mondes. La douceur de nos propos précède la fermeté d'une génération venue demander des explications sur le passé et réclamer une contribution pleine et effective à la conception de notre monde de demain. La nouvelle génération refuse de vivre dans un monde en crise. Elle veut des solutions. L'inertie n'a que trop duré. Les musulmans marchent vers un idéal qu'on ne peut plus leur confisquer : la citoyenneté. Ils se sont transformés de l'intérieur. Cette mutation est celle de la France et celle du monde.

Dans le cadre des « Mercredis du savoir », le rendez-vous scientifique de la Grande Mosquée de Paris, Gabriel Martinez-Gros fait figure de lanterne. Il nous éclaire sur notre histoire et donc sur notre avenir. Écouter un intellectuel de cette envergure parler de ses recherches nous donne envie de lire tout ce qu'il a écrit, notamment sur Ibn Khaldoun (1332-1406) et sa vision de la mutation des États. Il évoque le « schéma khaldounien » et le « modèle historique khaldounien » pour expliquer la dynamique qui fait et défait les puissances. Les premiers à avoir compris l'importance du travail d'Ibn Khaldoun sont les militaires français qui ont commandé au début de la colonisation. Ils ont fait traduire *Histoire des Berbères* d'Ibn Khaldoun comme référence essentielle pour maîtriser les tribus d'Afrique du Nord. C'est grâce au travail de ce préfigurateur de la sociologie moderne que nous comprenons mieux le processus de civilisation.

Nous lisons pour comprendre. « Lis » est le premier verbe conjugué à l'impératif qui constitue notre socle philosophique. Nous lisons et relisons ce qui a été écrit sur nos joies et nos peines. Tel est notre destin. Nous grandissons. Ce discours peut déranger certains esprits habitués à infantiliser les musulmans ; ils devront se faire une raison. Belliqueux, les musulmans ? Quelle drôle d'idée ! La méchanceté gratuite de certains adversaires nous a appris le sourire. Leurs crispations et leurs gesticulations les rendent comiques à nos yeux. Ils nous font rire mais ils l'ignorent. Nous rions sans moquerie. Nous gardons l'espoir et nous attendons le retour de nos adversaires vers des rapports respectueux. Appelez cela résilience ou citoyenneté émergente. Les deux nous conviennent.

La faiblesse ne nous sied plus. Nous ne sommes plus faibles. Le monde le sait. Les musulmans ont forgé un caractère collectif qui rompt avec le sentiment d'impuissance. Plus besoin de s'incliner pour se montrer aimables, fréquentables et aptes à se faire accepter par les dominateurs, comme les qualifie Ibn Khaldoun. C'est une transformation intérieure qui commence à se voir à l'extérieur. Nous devenons forts, car nous commençons à comprendre notre faiblesse. Nous n'avons pas sombré dans le désespoir, car il nous est interdit par notre religion. Notre faiblesse était conjoncturelle, même installée depuis de longues années. Elle est le résultat d'une méchanceté subie.

La méchanceté existe. C'est une maladie. C'est un produit de la suffisance et de la noirceur entretenue de l'âme. Quand nous avons épuisé toutes les causes du comportement malveillant, il ne nous est resté que la méchanceté pour expliquer les conflits dans lesquels on ne cesse de nous attirer pour nous ruiner. Les taquineries deviennent des plateformes politiques malgré le caractère plaisantin de ceux qui les utilisent pour exister. Exister ? Ces farceurs devenus crédibles sur le thème de l'identité nationale doivent leur statut d'oracle à une réaction négative aux incertitudes économiques et sociales. La mesquinerie vient de la bassesse. Elle vient d'individus qui se voient petits et qui ne savent pas voir la grandeur du collectif. La méchanceté, annonciatrice d'humiliation, est donc un signe d'impuissance.

L'homme est prédestiné au bien. La vertu de l'âme humaine est de penser et faire le bien. Le mal est une errance, pas un destin. On ne naît pas méchant. On le devient. La raison finit toujours par nous révéler le meilleur de nous-mêmes. Interroger la méchanceté d'aujourd'hui, c'est assurer aux générations futures un monde épargné par les malheurs du passé. Je continue à croire que le méchant l'est par ignorance du bien. Apprenez donc à nous connaître. Profitons tous des avantages technologiques de notre époque pour mieux communiquer. La méchanceté se diffuse dans la dimension numérique à une vitesse hallucinante. Diffusion virale, dit-on. Référence pandémique, j'en suis bien conscient.

La moquerie se veut moralisatrice et abordable. Tout le monde y a droit. Elle se démocratise et se répand au nom d'une liberté décrétée par des algorithmes nichés dans des « data centers » dont on ne sait que peu de choses. Le temps de traiter un signalement pour « contenu inapproprié » et c'est reparti sous une infinité de pseudonymes que les services d'États les mieux informés, les plus performants, peinent à démasquer. Attrape-moi, si tu peux ! C'est un jeu. Pervers, mais un jeu tout de même. Tout le monde joue, même ceux qui ne le veulent pas. Il suffit d'allumer son téléphone portable. Allumer ? Que dis-je ! On ne l'éteint plus de peur de rater une insulte par-ci, une avanie par-là. Il suffit de regarder son écran, mais on ne regarde plus.

On entend le son d'une notification qui convoque tous nos sens et même le sixième sens.

Nous assistons à une nouvelle forme de colonisation qui va au-delà du perceptible. Les nouveaux colonisateurs anticipent nos besoins et en créent de nouveaux. Quoi de plus rentable que l'instinct ? La peur. La peur de l'islam. Notre religion est en pole position des thèmes générateurs de clivages, indispensables aux flux de l'économie numérique. Nous sommes, à notre corps défendant, les meilleurs commerciaux de la nouvelle doctrine qui transforme les idées en produits. Il suffit que nous écrivions le mot « prophète » dans la case recherche d'un moteur de recherche pour nous faire téléporter dans un monde où l'extrémisme le dispute au mépris.

« Le juif est un homme que les autres hommes tiennent pour juif », écrivait Jean-Paul Sartre. J'ajouterais que le musulman en France se rend compte de son statut de musulman dans le regard des autres. L'immigré ne se sent immigré que parce qu'on le ramène à son origine. En ne considérant les jeunes des quartiers que comme des voyous et des extrémistes, on les contraint à occuper la place qu'on leur assigne. Il est temps de cesser de tenir les jeunes délinquants comme les représentants de leur communauté et de déplacer le projecteur vers les médecins, avocats, entrepreneurs, ouvriers ou élus qui sont aussi des enfants d'immigrés et qui, chaque jour, se consacrent à faire avancer la France.

Les fidèles musulmans ne souhaitent provoquer personne. Ils pâtissent d'une réalité simple et incontournable : le manque de lieux de culte sur le territoire français, et en particulier en région parisienne. Ce préalable posé, je n'approuve aucunement les rassemblements cultuels. Ces croyants, prosternés dans la rue dans des conditions déplorables, non seulement paralysent l'espace public, mais renvoient une image lamentable de notre religion. Ces comportements doivent impérativement cesser. Afin d'éviter l'encombrement des trottoirs, le recteur Dalil Boubakeur a appelé à venir prier à la mosquée de Paris ; et nous avons nous-mêmes suggéré que la prière du vendredi s'effectue en deux offices. J'ajouterai que, même si la prière du vendredi constitue un moment important dans la vie spirituelle du musulman, et même si c'est chaleureux et convivial, mieux vaut faire sa prière chez soi que dans ces conditions. Je trouve donc parfaitement légitime de s'indigner du blocage des rues.

L'islam est avant tout une religion, mais les hommes ont voulu en faire une politique. L'ancien juge égyptien Muhammad Saïd Al-Ashmawi, confronté comme beaucoup de ses compatriotes à l'islam politique incarné par la mouvance des Frères musulmans, a travaillé sur la question de l'islamisme en affirmant que les musulmans avaient du mal à distinguer la loi divine et le droit des hommes. Il observe que « la religion est générale, universelle, totalisante » alors que « la politique est partielle, tribale, limitée dans l'espace et dans le temps ». Dans son livre *L'Islamisme contre l'islam*, publié en 1990 aux éditions La Découverte, il analyse le rapport de la religion à la politique : « La religion tend à élever l'homme vers ce qu'il peut donner de meilleur. La politique tend à éveiller en lui les instincts les plus vils. Faire de la politique au nom de la religion, c'est transformer cette dernière en guerres interminables, en divisions partisanes sans fin, c'est réduire les finalités aux positions recherchées et aux gains escomptés. »

Ce haut magistrat constate que « la politisation du religieux ou la sacralisation du politique ne peuvent être que le fait d'esprits malveillants et pervers, à moins qu'ils ne soient ignorants ». Il affirme que c'est l'opportunisme et la cupidité qui conduisent certains esprits à chercher dans le Coran des justifications à la délinquance et au crime au nom du djihad. Sans nier que le prophète a gouverné tout en ayant un rôle spirituel, l'auteur ajoute que le caractère divin de sa gouvernance n'empêchait pas les gouvernés de suivre une logique d'arbitrage. Le vrai combat n'est donc pas ce que les bonimenteurs prétendent en mélangeant politique et religion.

Il y a eu de vraies guerres dans l'histoire, me dira-t-on. Il y a eu des morts. Certes, c'est indéniable. L'islam engendre-t-il la violence ? J'ai posé cette question aux imams qui officient à la Grande Mosquée de Paris et au sein des autres mosquées qui y sont rattachées. Ces derniers trouvent naturel qu'à chaque domination correspondе une combativité. C'est une loi universelle.

Le monde est ainsi fait, basé sur un équilibre des forces qui empêche un tyran ou une nation de le déséquilibrer. Les musulmans des premiers temps ont subi la tyrannie de la part de la tribu de Quraish et une violente répression, parce que les polythéistes refusaient qu'une nouvelle religion, revendiquant un Dieu unique, puisse s'installer à La Mecque qui était aussi une zone d'influence entre les tribus et un lieu d'échanges commerciaux. Les notables mecquois infligèrent aux premiers compagnons de notre prophète de grandes souffrances. Ils furent torturés, pourchassés, exilés, tués, frappés, bannis et n'eurent, au départ, aucune autorisation pour riposter. Quand ils purent le faire par la suite, dans le cadre de la légitime défense, celle-ci fut codifiée au point où il n'était même pas possible d'abattre des arbres, encore moins de torturer ou de tuer des captifs. Les choses évolueront certes par la suite et ce que l'historiographie musulmane nous enseigne doit être lu et interprété à l'aune du contexte du VIIe siècle. Il faut le rappeler avec force : en les comparant à leurs contemporains, les premiers musulmans se comportaient, en temps de guerre comme en temps de paix, beaucoup mieux que d'autres tribus ou peuples se réclamant d'autres croyances. Conscients de la lourde responsabilité qui pèse sur eux, les imams ont déjà commencé un travail d'autocritique afin de comprendre les raisons de l'amalgame dont souffrent les musulmans. Certaines notions comme le djihad méritent une attention particulière. La racine du mot renvoie à la notion d'effort. Si le verbe « djihader » existait, il aurait comme définition : « donner le maximum de ses capacités en paroles et en actes ». Telle est notre définition du djihad. « Guerre sainte » est donc une traduction abusive, voire malhonnête. Mais d'où vient-elle ? D'une pratique intellectuelle paresseuse que nous résumons aujourd'hui par l'expression « copier-coller » et d'une nébuleuse islamiste qui a imposé son propre vocabulaire, ses propres définitions et ses propres normes. Il y a bel et bien une idée de combat dans cette notion, mais un combat contre soi-même. C'est une lutte contre ses propres tentations et un cheminement vers l'excellence. Nos imams s'attardent sur un verset qui illustre très bien ce propos : « Ô vous qui croyez ! Inclinez-vous, prosternez-vous, adorez votre Seigneur, et faites le bien. Peut-être réussirez-vous ! Et luttez pour Allah avec tout l'effort qu'Il mérite » (sourate 22, versets 77-78). Dieu enseigne à son prophète que l'effort suprême est la compréhension du Coran pour mieux affronter les incroyants : « N'obéis donc pas aux incroyants ; et avec ceci [le Coran], lutte contre eux vigoureusement » (sourate 25, verset 52). Il y a des textes belliqueux dans le Coran, nous dit-on. Il y a des dizaines de versets qui traitent du combat. Que faire ? Les nier et regarder ailleurs pour éviter des discussions embarrassantes ou examiner nos propres textes avec courage ? Oui, il existe des textes qui abordent clairement les conflits armés impliquant des musulmans. En voici un exemple : « Combattez dans le sentier d'Allah ceux qui vous combattent, et ne transgressez pas. Certes. Allah n'aime pas les transgresseurs ! » (Sourate 2, verset 190.) Les imams constatent que certains versets décrivent des situations bien précises et que des extrémistes musulmans ont tendance à les extraire de leur contexte afin de les généraliser et justifier une guerre globale contre les non-musulmans. C'est cette manipulation intellectuelle qui a conduit à corrompre une terminologie longtemps abandonnée au profit des obscurantistes. Il convient aujourd'hui de dépoussiérer cette immense documentation dans laquelle nous découvrirons un héritage commun aux religions monothéistes. Nous découvrirons aussi que des hommes comme nous ont voulu modeler la religion pour légitimer leur pouvoir depuis la naissance de l'islam. Cette manipulation de la religion à des fins politiques se poursuit aujourd'hui dans ce qui pourrait ressembler à du populisme.

Sans aller trop vite dans une comparaison hasardeuse, il est quand même utile de signaler la proximité entre le fondamentalisme religieux et le populisme dans ce qu'ils ont de plus saillant : la dénonciation des élites et des institutions et la facilité de langage. Si nous devions dresser un inventaire des poncifs communs aux deux mouvements, la liste risquerait d'être longue : pouvoir corrompu, souveraineté au peuple, menace extérieure, etc. C'est-ce que nous observons au sein même des démocraties occidentales, gagnées par une peur collective annonciatrice d'une colère envahissante qui s'exprime au nom d'un peuple souverain qui défie les élites. D'ailleurs, cette dernière sert de tremplin aux courants extrêmes et ils n'hésitent pas à la dissoudre ou à concevoir des institutions à leur mesure, toujours en invoquant le peuple et sa volonté. Dans une interview accordée à France Culture en 2017, l'historien Pierre Rosanvallon dit : « Le populisme est une forme de réponse – que l'on peut juger mauvaise – aux dysfonctionnements de la démocratie. » Que la comparaison soit permise ou non, que les islamistes utilisent les mêmes schémas de pensée ou qu'ils produisent un discours démagogue similaire, le résultat est le même : la démocratie en est affaiblie. La lassitude démocratique renforce l'islamisme. Enfin, les spécialistes des réseaux sociaux qui travaillent sur la sécurité et les discours haineux traitent avec la même vigilance la menace islamiste et l'ultra-droite.

Ceux qui ont décidé de se proclamer mentors des musulmans malgré eux, doivent savoir que beaucoup de musulmans rejettent avec écœurement leurs méthodes séparatistes. Ils sont comme le cheveu sur la soupe qui vient gâcher l'appétit des convives en plein repas familial. Ils sont les premiers à mépriser les musulmans tout en prétendant les guider sur le droit chemin et les premiers à avoir dévoyé des idées jadis innovantes. Des penseurs courageux ont décidé d'interpeller les opinions musulmanes démoralisées par les échecs pour revenir aux bases du message coranique au nom d'une compréhension plus proche des premiers prédécesseurs ou « salaf ». Aujourd'hui, ce terme risque de devenir anxiogène dans un pays comme la France, car détourné de son sens original. Dans ce pays, les contenus liés à la pratique de l'islam sur les réseaux sociaux sont majoritairement liés à des tendances dites salafistes. L'Unité de contre-discours républicain (UCDR), créée en France après l'assassinat du professeur d'histoire-géographie Samuel Paty le 16 octobre 2020, a identifié une vingtaine de sources francophones productrices de discours haineux. « L'assassinat de Samuel Paty a accentué le sentiment qu'il faut agir sur les réseaux sociaux » ; cette déclaration est venue de la ministre française déléguée à la Citoyenneté Marlène Schiappa. Elle constatait une véritable campagne menée contre le professeur sur Internet à partir du mensonge d'une élève de son collège.

Entre l'islam et l'islamisme, il y a un suffixe de trop. L'islamisme est le produit d'une vision à la fois littéraliste et radicale. C'est une déformation, une manipulation d'un corpus qui a été instrumentalisé par des ignorants et qui conduit à des tueries. Je veux avant toute chose m'incliner devant la mémoire de toutes les victimes de ces crimes abjects et condamner cette violence, les auteurs de ces exactions et tous leurs complices opérationnels, idéologiques, politiques et médiatiques. Et je le fais avec force, sincérité et conviction : les terroristes peuvent se réclamer de l'islam – je n'ai aucun moyen de les excommunier –, puisque nourris par leur ignorance crasse, ils peuvent prétendre agir au nom de ma religion, car alimentés par des théoriciens haineux, ils s'autoproclament « vengeurs du prophète Mohamed », mais en aucun cas la religion musulmane, dans ses fondements, dans ses textes – hormis dans l'esprit étriqué de ceux qui font prévaloir le littéralisme –, jamais, dis-je, l'islam ne pourrait cautionner des crimes. Ils veulent nous séparer et détruire notre solidarité. Il ne tient qu'à nous de les isoler. Le président de la République Emmanuel Macron a choisi l'expression « séparatisme islamiste » pour qualifier les manifestations de repli et de communautarisme constatées chez certains de mes coreligionnaires. La question du « séparatisme » ne concerne en aucun cas tous les musulmans. Loin de là ! Nous parlons bien d'un « séparatisme islamiste ». En tant que recteur de la Grande Mosquée de Paris, je rappelle – n'en déplaise aux milieux qui cherchent à établir un parallèle entre l'islam et l'islamisme, à ceux qui laissent croire que l'islam serait l'islamisme, et inversement –, qu'il y a bien une distinction à faire entre la religion musulmane et l'idéologie islamiste. La première est une foi, une éthique, une tradition, une civilisation, une histoire qui exige une explication, une contextualisation, qui convoque le savoir et l'intelligence. La seconde est une idéologie mortifère, une pensée politique aux relents totalitaires, un dévoiement des textes, une menace – certains ont tendance à l'oublier – pour la stabilité du monde musulman, mais aussi pour la planète tout entière. Un islam dirigé par des fanatiques engendre l'islamisme, car la religion musulmane, comme les autres monothéismes, est d'abord et avant tout un corpus qui, entre les mains des hommes, peut se transformer en une source de lumière ou en une source d'obscurantisme. Le premier amalgame à éviter, par honnêteté intellectuelle, consiste à ne pas laisser croire que les partisans de l'obscurantisme et de la haine de l'Autre valent les adeptes des Lumières et du respect de l'altérité. Existe-t-il véritablement sur notre territoire une volonté de se délier de la République ? Oui. Et je l'affirme sans ambages. Certains représentants de l'islam de France – comme certains responsables politiques d'ailleurs – sont très souvent dans le déni. Par calcul, par cynisme, par facilité, probablement parfois par lâcheté, un certain nombre d'acteurs représentatifs, d'élus locaux se sont refusés à voir la situation à laquelle nous faisons face aujourd'hui. Depuis près de quarante ans, une ghettoïsation progressive s'est installée, d'abord urbaine, ensuite sociologique, enfin économique, avant de devenir idéologique et identitaire. Le « séparatisme » est une attitude qui amène certains milieux extrémistes, tantôt partisans d'un islam sectaire, tantôt militant pour un islam politique à refuser les lois de la République et à leur substituer leurs « interprétations » religieuses, voire des « lois coutumières ». Ceux qui ont agi ou agissent de la sorte – il est nécessaire de le souligner – l'ont fait parce qu'ils ont pu le faire, parce qu'on leur a permis de le faire ou parce qu'on a, trop longtemps, fermé les yeux, au nom de la « politique de l'excuse », d'une attitude infantilisante qui promeut un discours victimaire, par ailleurs très méprisant à l'égard des musulmans qu'on voit trop souvent comme des musulmans seulement, au lieu de les voir comme des citoyens avec des droits et des devoirs. S'il est fondamental de mettre les représentants de l'islam de France face à leurs responsabilités, il est tout aussi fondamental de rappeler les défaillances de l'État. Il est urgent de désenclaver les zones dans lesquelles prospèrent des groupes islamistes et permettre aux habitants des quartiers populaires de sortir du huis clos dévastateur qui profite aux milieux toxiques et antirépublicains. L'extrémisme, et donc le « séparatisme », prospère souvent dans ces lieux où des « imams » autoproclamés font l'islam à leur guise, construisant à la fois des attitudes et un imaginaire non seulement hostile à la République et à ses valeurs, mais aussi à toute la société française. Un discours haineux s'y développe contre la France, la police, les juifs, les journalistes, les intellectuels, ainsi que contre les musulmans qui œuvrent pour le respect des lois. On rappelle souvent que les policiers, les médecins et les pompiers ne peuvent plus accéder à ces ghettos sans risquer une agression, mais on oublie que certains imams promouvant un islam apaisé sont chassés, voire agressés. Dans ces quartiers, un réseau d'« écoles », parfois clandestines, est constitué depuis plusieurs années. On y enseigne des logiques séparatistes. On y enseigne la haine du « mécréant », la haine du musulman qui ne se conforme pas aux principes extrémistes et on y enseigne la haine de la France. Qu'a fait l'État durant toutes ces années ? Rien. Que fera-t-il à la faveur d'une loi contre le « séparatisme islamiste » ? À voir. Toujours dans ces ghettos, s'est constituée progressivement une société parallèle avec une « éducation » alternative, une économie parallèle, même une « médecine » clandestine basée sur des traditions moyenâgeuses, cela afin d'éviter les hôpitaux et d'empêcher toute forme de mixité. Dans certains milieux salafistes, on est revenu aux séances d'exorcisme, à la saignée et aux superstitions. Sur les réseaux sociaux et sur des messageries cryptées, des usurpateurs vendent de « l'urine de chamelle » qui guérirait certaines pathologies, selon la propagande de ces milieux sectaires. Il appartient évidemment à chaque mosquée, à chaque imam de faire de la pédagogie face à ces agissements, mais qu'en est-il des actions des pouvoirs publics ? Si certaines associations musulmanes sont désespérées, c'est aussi parce qu'elles se retrouvent bien seules, trop isolées et souvent prises en tenaille entre un discours populiste et raciste d'un côté et un islamisme excommunicateur et parfois violent de l'autre.

Alors, je dis à tous ceux qui se sont laissé séduire par ce discours tout en se posant des questions légitimes : revenez ! Vous faisiez partie de la grande famille des musulmans et vous avez un jour écouté une voix, suivi un ordre ou tout simplement décidé de vous isoler pour mieux vous retrouver. C'est à ce moment-là qu'a débuté la métamorphose. Depuis, vous nous regardez comme une masse endormie par la routine existentielle, la consommation des biens matériels et les tracasseries qui nous font perdre nos repères dans la vie et nous éloignent de notre religion. Vous pensez que nous avons oublié Dieu. Il y a tellement d'injustices qui vous choquent et notre indifférence amplifie votre colère. Notre « passivité » face aux injustices vous exaspère. Je m'adresse aux gens sincères. Posez-vous la question, s'il vous plaît. Sommes-nous indifférents à l'indignation dont vous faites preuve ou sommes-nous, simplement, sages et pacifiques ? Pensez-vous réellement que les musulmans sont trop attachés à leurs petits intérêts pour s'indigner ? Non, ils sont loin d'être égoïstes. Ils expriment leur indignation autrement que par des hurlements et des vociférations.

Dans votre situation de croyants en quête de justice, de sens ou de refuge, vous essayez de mobiliser d'autres musulmans qui partagent le même sentiment de révolte que vous. Vous pensez appartenir à une élite éclairée par la grâce de Dieu. Vous estimez avoir compris ce que beaucoup de musulmans peinent à comprendre. Vous voyez bien qu'une force invisible est en train de vous structurer afin de donner une cohérence à votre présence dans le groupe, mais dans quel but ?

On vous explique que l'engourdissement des musulmans est le résultat d'une pression exercée par leurs adversaires. Il faut donc réagir ! Oui, mais de quelle manière ? C'est bien connu, notre cerveau aime la facilité et les raccourcis. Alors oui, vous vous laissez attirer par des « choix » extrêmes. Sans aller jusqu'aux formes violentes de contestation, remettre en question la foi des autres est déjà une attitude extrême. Rejeter autrui, c'est franchir un cap. Vous voulez vous distinguer, en commençant par vous donner une apparence plus conforme à votre véritable identité. Vous participez, certains parmi vous intentionnellement, d'autres comme spectateurs, à l'idéologisation de notre religion en tentant d'imposer des normes religieuses holistes qui n'ont pas de lien avec notre corpus. Le sérieux de votre démarche et la sincérité de votre engagement vous conduisent à vous habiller différemment.

Qui t'a vexée, ma sœur ? Qui t'a humiliée ? Pourquoi as-tu cédé à la colère ? Pourquoi cette défiance qui, à défaut de t'apporter de la sérénité, embarrasse tes coreligionnaires et excite les sorciers de la politique ? Tu deviens un sujet de discorde et tu crois que c'est ainsi que tu prendras ta revanche. Parlons-en, ma sœur. Parlons de cette main tendue qui t'a attirée vers ce monde dans lequel tu crois vivre une meilleure vie. Comment peux-tu vivre une meilleure vie quand ton habit devient un sujet polémique et ton corps, un enjeu politique.

On vous appelle « islamistes » et vous y prenez goût. Ce sentiment d'appartenir à un groupe fort qui partage une croyance solide vous galvanise. Islamistes ! Vous n'êtes plus de simples « musulmans ». Vous avez évolué vers des niveaux que vous croyez supérieurs. Ce sentiment de supériorité est contraire à l'humilité qui est la base de notre foi. Non, nous ne sommes pas supérieurs aux autres. Non, embrasser l'islam ne nous donne pas le droit de mépriser ceux qui ne l'ont pas fait.

Au fond, vous le savez. Parfois, vous doutez. Vous percevez la gêne que produit votre attitude. Quand vous sentez cette gêne, dites-vous qu'il est temps de se poser et réfléchir. Faire un pas de côté est un signe d'intelligence et de sagesse. Alors, poussez votre sagesse au-delà de cette limite que vous vous imposez depuis que vous êtes dans le « groupe ». Vous avez un jour douté de vos croyances et de tout ce que vous faisiez. C'est sain. Poursuivez votre recherche. Reprenez votre recherche. Elle vous aurait conduit à plus d'humilité envers tous ceux qui n'ont pas encore compris ce que vous avez compris. Pourquoi avez-vous cessé de vous interroger ?

Quand vous vous en rendrez compte, est-ce qu'il sera trop tard ? Non, il n'est jamais trop tard pour corriger nos erreurs, nous dit notre religion. Comment quitter le piège de l'islamisme ? En s'assumant en tant que musulman. En réapprenant l'indulgence et la tolérance. Les musulmans constituent une grande famille, accueillante, bienveillante, solidaire, qui ne renonce jamais à ses membres, même partis un peu loin, un peu trop longtemps. Il n'y a rien de définitif dans cette mésaventure qui te fait quitter ta famille, frère. C'est le Coran qui le dit : « Ô mes serviteurs qui avez commis des excès à votre propre détriment : ne désespérez pas de la miséricorde de Dieu, car Il pardonne tous les péchés. Certes, c'est Lui le Pardonneur, le Miséricordieux » (sourate 39, verset 53).

C'est ainsi que je conçois le combat contre l'islamisme. Il est crucial pour la Grande Mosquée de Paris de tendre la main aux fidèles qui ont succombé aux dérives islamistes. À travers ses actions, elle donne les clés de compréhension de l'islam et les musulmans sincères peuvent aisément rebrousser chemin de la déviance islamiste. En prônant ce discours, elle ne remet en cause ni les dogmes ni les pratiques ou les idées majeures de l'islam classique. Elle affirme haut et fort que l'islam n'est pas en danger et ne sautait l'être. Alors, je dis à tous ceux qui se sont un peu éloignés de nous : revenez ! Revenez au sein de la communauté nationale. Vous êtes des citoyens comme nous tous dont la foi n'est en rien incompatible avec les lois.

CONCLUSION

Je dis aux musulmans : apprenez votre religion. Et aux non-musulmans : n'ayez pas peur. Aux plus jeunes d'entre nous, musulmans ou non, qui se posent des questions existentielles, je dis que l'islam y apporte beaucoup de réponses. Musulmans, tolérez ceux qui ne pensent pas comme vous. Libre à vous de pratiquer ou non, seul Dieu en est juge. Mais apprenez l'islam, son histoire, sa géographie, sa sociologie et ses populations. Faites-en une urgence intellectuelle et spirituelle. Ne restez pas dans l'indigence qui vous maintient dans une position handicapante du fait de l'ignorance de l'islam. Apprenez donc l'islam et apprenez-le bien.

Vous pourriez reprocher à vos parents un défaut de transmission, ce qui peut se comprendre. Soyez indulgents avec cette génération qui n'a pas eu la vie facile. Le souci de la transmission dépend de l'instruction. Instruction, transmission et éducation sont les trois éléments d'une alchimie intergénérationnelle réussie.

Ne soyez pas injustes avec ces hommes et ces femmes qui sont vos parents ou vos grands-parents, voire vos arrière-grands-parents qui sont venus construire la France et qui ne connaissaient que quelques versets coraniques à réciter pendant leurs prières, quand ils pouvaient prier. Les premiers hommes venus participer à la construction de la France étaient perçus comme de simples outils au service d'une logique industrielle et économique. C'est dans les années 1970 que les décideurs français ont fini par reconnaître leur statut de père de famille. Vous êtes nés de cette histoire.

Pourtant, il y a eu de vrais bâtisseurs malgré la modeste connaissance de la religion. J'ai eu l'immense honneur d'en connaître quelques-uns et l'immense plaisir de les honorer en leur remettant la médaille des « Bâtisseurs des mosquées de France ». Nos larmes témoigneront de cette forte émotion faite de reconnaissance mutuelle. Ces hommes-là n'avaient même pas de radios communautaires pour annoncer le moment de la rupture du jeûne pendant le ramadan. Certains d'entre eux avaient même du mal à connaître le début de ce mois ou le jour de l'Aïd.

Cette indigence n'a que trop duré. Alors que la méconnaissance de la religion se poursuivait, une effraction idéologique s'est produite au sein même des foyers musulmans de France les prenant ainsi au dépourvu et distillant des doctrines étrangères à leurs pratiques, comme le wahhabisme, facilitées par un flot interrompu de pétrodollars. C'est l'école malékite apaisée qui en a fait les frais ainsi que d'autres écoles moins belliqueuses que cette doctrine qui a conduit aux violences les plus extrêmes. Il n'y a aucune coïncidence entre les attentats du 11 septembre 2001 sur le sol américain et la nationalité des terroristes qui les ont perpétrés. La majorité de ces terroristes était de nationalité saoudienne. C'est dans ce pays qu'est né le wahhabisme et c'est là-bas qu'il a prospéré. C'est une relation de cause à effet. Je le dis sans détour à mes interlocuteurs et amis, y compris les Saoudiens eux-mêmes. La franchise nous fera gagner du temps pour accélérer la prise de conscience collective chez les musulmans dans leurs pays d'origine et dans les pays d'accueil comme la France où la greffe extrémiste n'a pas pris malgré les millions dépensés dans cette entreprise d'abrutissement. Et je connais quelques raisons qui expliquent l'échec de cette intrusion, notamment en France.

En dépit de tous les facteurs objectifs qui auraient prolongé la frustration des jeunes musulmans de France comme la discrimination, je reste persuadé que cette frustration n'est pas une fatalité. La France bénéficie d'un système immunitaire qui la maintient en bonne santé. La greffe islamiste ne prend pas, malgré les apparences. Les adeptes de cette dérive constituent une minorité qui, à y regarder de plus près, est ouverte à la discussion. Je dis aux islamistes qu'ils ont tort de vouloir monopoliser l'islam, mais je les pense pour certains capables d'associer intelligence et honnêteté afin de respecter la foi des musulmans et de ne plus essayer de la monopoliser. Même les parrains et financiers de l'idéologie islamiste désespèrent de l'esprit critique français qui définit les contours de l'intérêt national. Celui-ci passe par l'accomplissement d'une citoyenneté pleine et durable. Il faut rassurer les enfants de ce pays. Un jeune serein est un citoyen en devenir.

Aujourd'hui, l'intérêt de la France passe par l'apprentissage de la langue arabe. Après le français, bien sûr. La langue arabe est antérieure à l'islam et il y a aujourd'hui dans les pays arabes des chrétiens et des juifs. De même, on peut être musulman sans être arabe. Parlez-en avec des amis turcs, indiens ou sénégalais et ils vous le confirmeront. Néanmoins, il est grand temps d'accéder au livre sacré de l'islam directement, sans l'aide d'intermédiaires autoproclamés qui n'hésitent pas à emprunter des raccourcis pour installer leur emprise dans les esprits. Connaître le Coran en arabe est salutaire. L'instruction islamique en France doit se faire auprès d'enfants ayant atteint l'âge du discernement dans des écoles bilingues.

Dans ce même ordre d'idées, l'apprentissage de la religion ne doit plus se faire exclusivement dans les mosquées. Pour ce faire, nous devons poser cette question : à quoi ressembleront les musulmans en 2030 ?

En France et ailleurs ? On dit d'un homme qu'il est visionnaire quand il peut « voir » l'avenir. C'était par exemple le cas du général Charles de Gaulle. Que n'a-t-on pas essayé de lui attribuer des propos destinés à donner une valeur historique à des idées qui n'étaient pas toujours les siennes ! Parmi elles, il y a la prétendue impossibilité d'intégrer certaines populations en France. Alain Peyrefitte lui-même, qui était pourtant un homme d'État de haut niveau, a tenté de faire dire au général que les musulmans pouvaient envahir la France. Selon cet ancien ministre de l'Information connu pour ses velléités de contrôle de la télévision, le général aurait mis en garde contre une immigration qui transformerait son village Colombey-les-Deux-Églises en Colombey-les-Deux-Mosquées ! Nous connaissons les idées du Général à travers ses écrits. Le reste n'est qu'interprétation. D'un autre côté, la réalité parle pour lui. La décolonisation est un fait et elle a eu lieu pendant son mandat.

L'histoire est ce qu'elle est. Évitons d'en faire une arène où s'affrontent des rancunes inextinguibles. Éteignons donc notre ressentiment par le respect et allumons toutes les lumières de nos réussites actuelles et futures. Nous avons tant d'exploits à réaliser ensemble.

L'islam se réformera en Occident. Où précisément ? La France est une excellente base pour un projet aussi grandiose. Non, ce n'est pas une illusion. J'y travaille. Du mieux que je peux.

Certes, une onde d'espoir est partie du Caire, avec les réformistes d'Al-Azhar, mais que s'est-il passé ensuite ? Il y a eu les Frères musulmans. Alors que les musulmans observaient et subissaient même l'avancée de la machine coloniale, des penseurs se sont posé des questions existentielles et ont essayé d'y apporter des réponses. Aujourd'hui, nous leur attribuons des labels comme « réformateurs », parce que nous mesurons l'importance de leurs tentatives de sauvetage. Eux ignoraient ce que les générations postérieures allaient faire de leurs travaux.

Il y a eu une brutale interruption. La réforme s'est arrêtée. Les événements ont freiné toute pensée réformiste. Al-Azhar, jadis source de lumière, a sombré dans la somnolence. Sa passivité a libéré les énergies rancunières qui ont pris le contrôle des esprits parmi une population de plus en plus rigide. D'autres ont décrété que la défaite était due à un éloignement de l'islam et que seul le retour à une forme rigoureuse à la religion pouvait redonner aux musulmans leur importance dans le monde. La réforme viendra de sources clairement identifiées en raison de leur dynamisme incontestable. Elle viendra du Maghreb et d'Europe. Avec un peu plus d'effort, elle viendra de France. C'est le but de notre action à la Grande Mosquée de Paris. J'en suis profondément convaincu.

Au terme de cette modeste réflexion, il m'est finalement apparu que la philosophie a beaucoup d'importance dans ma démarche. En effet, on ne peut pas comprendre le monde sans se référer aux philosophes. Quand les penseurs français s'intéresseront suffisamment à l'islam, ils nous aideront à mieux comprendre les problématiques de la société française. Attention à ne pas leur faire jouer le rôle des ténors qui amusent les spectateurs le temps d'un spectacle, quand ils ne pérorent pas dans un studio de télévision pour, une fois de plus, semer le doute au sein de la société. Respectons nos philosophes comme le font nos voisins Allemands. Osons une comparaison et essayons de comprendre les mécanismes intellectuels outre-Rhin qui se passent de tous les amalgames qui nous causent autant de torts ici en France. Non, l'islam n'est pas un problème, là-bas. Il ne l'est pas, parce que la réflexion philosophique se l'interdit.

Je réalise aussi l'immense besoin de revenir à l'histoire en tant que discipline intellectuelle afin de comprendre nos enjeux actuels. Chez les islamistes, il y a une forte résistance à l'apprentissage de l'histoire. Pourquoi ? Parce qu'ils préfèrent les fantasmes aux faits. On ne peut plus se permettre d'ingurgiter n'importe quel récit sur notre passé. Nous devons accepter notre histoire, même si elle n'est pas glorieuse. Surtout si elle n'est pas glorieuse. Quand on ignore les faits volontairement, on commet forcément une injustice source de malentendus et de conflits. À travers les siècles, des conteurs d'un islam fantasmé ont essayé d'en modeler le récit à leur convenance. Le résultat est une crispation de plus, une injure, un drame ou une horreur. Qu'avons-nous gagné des nationalismes exacerbés sinon une tendance à contrôler le sentiment religieux et une réaction absolutiste au nom d'une pureté de la foi et de la vertu ? Face à ces nationalismes hystériques, les puissances occidentales ont encouragé une religiosité rampante qui menace aujourd'hui l'Occident dans ses propres acquis. Ce double effet est le résultat d'une politique coloniale injuste. Aujourd'hui, on dit d'un homme qui est mort dans la guerre contre le colonialisme qu'il est *chahid* ou martyr. C'est un terme religieux repris par les nationalistes qui résume ce double effet.

Alors, nous devons revenir à une compréhension de la religion dans ce qu'elle a de plus simple : aider les croyants à vivre en harmonie avec tous les humains, croyants ou non. Avoir la foi, c'est tendre la main à ceux qui, pour une raison ou une autre, ont cédé à la tristesse, au désespoir ou la peur. Ils doivent pouvoir revenir à une zone de paix que nous devons leur aménager en attendant leur retour. Oui, nous sommes tous exposés aux difficultés, aux tensions et aux interrogations existentielles qui, parfois, conduisent à une perte de confiance envers les autres. Par crainte d'une crise économique ou par pur réflexe d'autodéfense, nous cédons à une colère grandissante qui devient politique. Je n'en conteste ni la légitimité ni l'origine. La colère est en chacun de nous et se manifeste de différentes façons. Reconnaître cette émotion, c'est pouvoir l'accompagner et en faire une force vers de meilleurs projets collectifs et respectueux des intérêts communs. Les femmes et les hommes en colère aujourd'hui peuvent ériger le modèle de coexistence de demain car, en chacun de nous il y a un véritable désir d'altérité. Je m'adresse à tous ceux qui, comme moi, se voient tels des artisans de l'islam républicain : faites de votre mieux.

TABLE DES MATIÈRES

Photocomposition Nord Compo
Achevé d'imprimer en février 2022
par Brodard & Taupin, La Flèche (72)
pour le compte des éditions Calmann-Lévy
21, rue du Montparnasse 75006 Paris

PAPIER À BASE DE
FIBRES CERTIFIÉES

KERO s'engage pour
l'environnement en réduisant
l'empreinte carbone de ses livres.
Celle de cet exemplaire est de :
750 g éq. CO_2
Rendez-vous sur
www.kero-durable.fr

N° d'éditeur : 2955491/01
N° d'imprimeur : 3047222
Dépôt légal : mars 2022
Imprimé en France